mon **BAC** *facile*

Pour s'entraîner par étapes

1re

W0404889

Enseignement scientifique

Physique-Chimie

Nicolas Coppens

Professeur agrégé
au lycée international de Strasbourg

SVT

Laurent Lafond

Professeur agrégé
au lycée Vaclav Havel de Bègles

Mathématiques

Guillaume Tomasini

Professeur agrégé
au lycée Couffignal de Strasbourg

Nathan

MODE D'EMPLOI

6 sujets corrigés pour s'entraîner dans les mêmes conditions qu'à l'examen.

ÉNONCÉS

SUJET 1 ÉNONCÉ

Exercice 1 Roches, minéraux et cristaux **10 pts** 1 H → Corrigé p. 23

Les murs gris sombre, presque noirs, de la cathédrale de Clermont-Ferrand se détachent nettement du paysage urbain. Ces murs ont été édifiés au XIIIe siècle à partir de pierres de Volvic.

Partie 1 **Des murs faits de roches volcaniques**

DOC. 1 **Origine des roches utilisées pour la construction de la cathédrale de Clermont-Ferrand**

Comprendre... La benmoréite es...

- le nombre de points
- la durée de l'épreuve
- les renvois aux corrigés clairement indiqués pour chaque exercice.

Questions

3 Déterminer la structure de la benmoréite en utilisant le DOC. 2 et le DOC. 5.

Les conseils du prof !

Comparez votre schéma de la lame mince de benmoréite avec les schémas du DOC. 5.

Écrivez vos réponses **directement sur le cahier.**

Les conseils du prof vous donnent des **indices.**

Par étapes

ÉTAPE 1 Comprendre les questions

- La question 1 est posée sous forme de QCM. Les réponses à cette question nécessitent des connaissances, mais une information utile est aussi donnée dans le DOC. 1.
- La question 2 évalue des connaissances et la réalisation du calcul d'un rapport entre deux valeurs.
- Les questions 3 et 4 portent essentiellement sur des compétences mathématiques.
- La question 5 demande la rédaction d'un texte de quelques lignes reprenant des informations extraites des documents.

ÉTAPE 2 Exploiter les documents

- DOC. 1 Comprenez l'origine du rayonnement solaire grâce ce premier document.
- DOC. 2 Relevez la valeur de la puissance rayonnée émise par le Soleil, sans oublier l'unité associée.
- DOC. 3, DOC. 4 et DOC. 5 Les informations présentes dans ces trois documents vous permettront de répondre notamment à la question 5.

ÉTAPE 3 Mettre en relation les documents

- Le DOC. 1, le DOC. 2 et le DOC. 3 permettent de comprendre l'origine du rayonnement solaire et de calculer la puissance reçue sur Terre notamment.
- Le DOC. 4 et le DOC. 5 donnent des informations sur la puissance thermique libérée par un corps humain, ainsi que sur les recherches scientifiques associées aux rayonnements.

ÉTAPE 4 Mobiliser ses connaissances

Les connaissances nécessaires à la résolution de cet exercice portent sur :
- le rayonnement solaire (→ fiche de synthèse p. 108) ;
- le bilan radiatif terrestre (→ fiche de synthèse p. 110) ;
- le bilan thermique du corps humain (→ fiche de synthèse p. 114).

Une rubrique pour mieux **comprendre le document** et **les notions à connaître** pour réaliser l'exercice.

Une rubrique pour vous aider à **comprendre l'énoncé** et à **analyser les documents.**

S'entraîner pas à pas

DOC. 3 **Relation d'Einstein**

Lors d'une fusion nucléaire, la diminution de masse observée est liée à la libération d'énergie E, en joule (J), d'après la relation d'Einstein :

$$E = \Delta m \times c^2$$

avec Δm la diminution de masse, en kilogramme (kg), lors de la réaction de fusion et $c = 3{,}0 \times 10^8$ m·s^{-1} la vitesse de propagation de la lumière dans le vide.

Comprendre le document

Histoire des sciences :
- Albert Einstein (1879-1955) est un physicien d'origine allemande, naturalisé suisse, puis américain.
- Ses travaux sur la relativité ont remis en cause les notions classiques sur l'énergie, ce qui l'a amené à la découverte de la relation entre la masse et l'énergie.

 ISBN : 978 209 157433 2

CORRIGÉS

SUJET 1 CORRIGÉS

Exercice 1 → p. 12

Je comprends les corrigés

1 La cathédrale de Clermont-Ferrand est grise, car elle est construite en pierres de Volvic, alors que les autres bâtiments sont beiges, car édifiés à partir d'autres matériaux (DOC. 1). Or, on constate à l'observation microscopique que la pierre de Volvic (la benmoréite) contient essentiellement des minéraux microscopiques sombres en lumière naturelle (DOC. 2). Donc, la couleur sombre de la roche s'explique par sa composition minéralogique.

Seule la couleur des minéraux en lumière naturelle est pertinente, pas les teintes en lumière polarisée analysée.

Des **corrigés détaillés** pour chaque question.

Une rubrique pour bien **comprendre les corrigés et marquer des points**.

FICHES DE SYNTHÈSE

FICHE 1 Un niveau d'organisation : les éléments chimiques

1. Origine des éléments chimiques

- Il y a **13,8 milliards d'années**, une microseconde après le **Big Bang**, sont apparues les particules élémentaires (protons, neutrons et électrons).
- Les protons et les neutrons se sont ensuite rapidement associés pour former des noyaux d'hélium, ce qui était la première étape avant la formation d'autres noyaux plus lourds (béryllium, carbone, oxygène, fer...). En effet, la plupart des noyaux d'atomes sont stables mais, au cœur des étoiles, des **fusions nucléaires** entre des noyaux ont lieu. Par exemple, des noyaux

Mot-clé **Big Bang :** m... décrire l'orig... de l'Univers.

Mot-clé **Fusion :** réac... noyaux prod... plus gros.

En fin d'ouvrage, des fiches de synthèse avec du **cours**.

FICHE 3 Résoudre un problème

1. Comment aborder une résolution de problème ?

- La résolution de problème peut s'appuyer sur quelques questions préli... cédées d'un énoncé précisant le problème posé. Le sujet est accompag... documents scientifiques.
- Pour traiter le sujet, il est nécessaire de répondre d'abord aux questions... lement posées. En effet, les réponses à ces questions sont toujours une ai... problème. La rédaction de la résolution de problème doit ensuite être prés... réponse organisée et pertinente, s'appuyant sur une argumentation scien... plus souvent de calculs ou de schémas.

Des fiches pour bien comprendre la **méthode**.

FICHE 3 Application numérique

1. Simplification des puissances de 10

- Il arrive souvent de faire des erreurs en tapant une application numérique trop complexe sur une calculatrice. Il est donc parfois préférable de **simplifier l'application numérique avant de la taper sur la calculatrice.**
- Pour toutes valeurs de *a* et *b*, positives, négatives ou nulles, on a :

$$10^a \times 10^b = 10^{a+b} \quad \text{et} \quad \frac{10^a}{10^b} = 10^{a-b}$$

Comme $10^0 = 1$, on peut également écrire : $\frac{1}{10^b} = 10^{-b}$.

Rappel
Lorsque plus de deux grandeurs sont multipliées entre elles, on peut les commuter :
$a \times b \times c = a \times c \times b$
$= b \times c \times a$, etc.

Et également, des fiches sur des **points maths** à connaître.

Responsable éditoriale : Raphaëlle Mourey
Coordination éditoriale : Julie Langlais et Léna Geniaux
Édition : Fanny Morquin
Schémas : Coredoc et Dominique Papon
Conception graphique intérieur : Julie Lannes
Couverture : Simon Geliot
Composition : Linéale
Fabrication : Kévin Magar

SOMMAIRE

révisions et méthode

Fiches de synthèse

Fiches méthode

Fiches de maths

Annexes

L'organisation du nouveau Bac

1. Le calendrier

- **Les premières épreuves du nouveau Bac auront lieu en janvier 2020** dans le cadre du **contrôle continu** et concernent les élèves de Première. Pour l'enseignement scientifique (qui nous intéresse particulièrement ici) et l'enseignement de spécialité non poursuivi en classe de Terminale, il n'y a qu'une seule épreuve de contrôle continu au 3e trimestre de Première.
- **La première session des épreuves anticipées du Bac en français aura lieu en juin 2020** pour les élèves de Première.
- **Une deuxième session d'épreuves communes du contrôle continu** sera mise en place durant le 2e trimestre de Terminale.
- **Les nouvelles épreuves finales auront lieu en 2021** pour les élèves de Terminale.

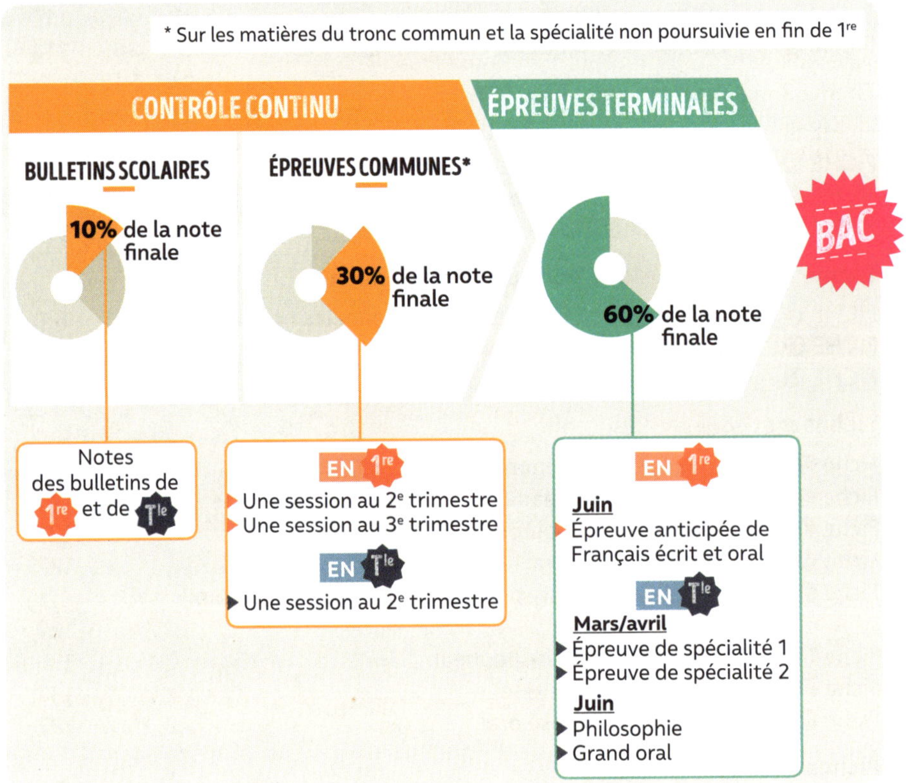

2. Le cycle terminal de Première et de Terminale

3 spécialités en Première, 2 spécialités en Terminale

- À la fin de l'année, les élèves de Première décident de ne pas poursuivre une des trois spécialités choisies en début d'année.
- **La spécialité non poursuivie sera évaluée en fin de Première** par une épreuve commune de contrôle continu (l'ensemble des épreuves de contrôle continu compte pour 30 % de la note finale).
- **Les deux spécialités conservées en Terminale seront quant à elles évaluées par une épreuve finale** en fin de Terminale. Cette épreuve se déroulera en mars ou avril à partir de 2021.
- Par ailleurs, **toutes les notes des bulletins scolaires de Première et de Terminale de l'année compteront pour 10 % de la note finale.**

Les enseignements

LA CLASSE DE PREMIÈRE

ENSEIGNEMENTS COMMUNS

Français	4 h 00
Histoire-Géographie	3 h 00
EMC	18 h 00/an
LVA et LVB	4 h 00
EPS	2 h 00
N Enseignement scientifique	2 h 00

ENSEIGNEMENTS DE SPÉCIALITÉ 3 AU CHOIX

N Histoire-géographie, géopolitique et sciences politiques	4 h 00
N Humanités, littérature et philosophie	4 h 00
N Langues, littératures et cultures étrangères	4 h 00
N Langues, littératures et cultures de l'Antiquité	4 h 00
Numérique et sciences informatiques (NSI)	4 h 00
Mathématiques	4 h 00
Physique-Chimie	4 h 00
Sciences de la vie et de la Terre (SVT)	4 h 00
Sciences de l'ingénieur	4 h 00
Sciences économiques et sociales	4 h 00
Arts	4 h 00

ENSEIGNEMENTS OPTIONNELS 1 AU CHOIX

LVC	3 h 00
Arts	3 h 00
EPS	3 h 00
LCA* : Latin	3 h 00
LCA* : Grec	3 h 00

N nouveau

* Les LCA peuvent être prises en plus.

LA CLASSE DE TERMINALE

ENSEIGNEMENTS COMMUNS

	Philosophie	4 h 00
	Histoire-Géographie	3 h 00
	EMC	18 h 00/an
	LVA et LVB	4 h 30
	EPS	2 h 00
N	Enseignement scientifique	2 h 00

ENSEIGNEMENTS DE SPÉCIALITÉ — 2 AU CHOIX (parmi ceux choisis en 1re)

N	Histoire-géographie, géopolitique et sciences politiques	6 h 00
N	Humanités, littérature et philosophie	6 h 00
N	Langues, littératures et cultures étrangères	6 h 00
N	Langues, littératures et cultures de l'Antiquité	6 h 00
N	Numérique et sciences informatiques (NSI)	6 h 00
	Mathématiques	6 h 00
	Physique-Chimie	6 h 00
	Sciences de la vie et de la Terre (SVT)	6 h 00
	Sciences de l'ingénieur	6 h 00
	Sciences économiques et sociales	6 h 00
	Arts	6 h 00

ENSEIGNEMENTS OPTIONNELS — 1 AU CHOIX

Mathématiques expertes (seulement pour ceux qui ont pris la spécialité maths en Tle)	3 h 00
Mathématiques complémentaires (seulement pour ceux qui ont pris la spécialité maths en 1re)	3 h 00
Droit et grands enjeux du monde contemporain	3 h 00

Option de première à poursuivre — 1 AU CHOIX

LCA* : Latin et/ou Grec	3 h 00

N nouveau   * Les LCA peuvent être prises en plus.

Le grand oral

- Cette épreuve, d'une durée de **20 minutes**, se réalise **devant un jury** et porte **sur un projet** conduit sur le thème d'une des spécialités choisies par l'élève en Terminale.
- **Elle se déroule en deux parties** : la présentation du projet, puis un échange à partir de ce projet, qui permettent d'évaluer la capacité de l'élève à analyser et mobiliser des connaissances, ainsi que son aptitude à communiquer à l'oral.

L'épreuve d'enseignement scientifique expliquée

1. Comment s'organise l'épreuve ?

- **Durée :** 2 heures.
- **Coefficient :** 2,5.
- **Caractéristiques de l'épreuve :** contrairement aux autres épreuves communes de contrôle continu, l'épreuve d'enseignement scientifique se passe au 3e trimestre de l'année de la classe de Première. Elle porte sur l'ensemble du programme de l'enseignement scientifique de la classe de Première, en dehors du projet expérimental et numérique.

  Le sujet de cette épreuve est un des sujets des épreuves communes de contrôle continu de Première, issu de la banque nationale de sujets.

  Chaque sujet, constitué de deux exercices interdisciplinaires, précise si l'usage de la calculatrice est autorisé. Toute formulation des questions est envisageable, de la question ouverte jusqu'au questionnaire à choix multiples. Chaque exercice présente une cohérence thématique et porte sur un ou deux thèmes du programme.
- **Notation :** l'épreuve est notée sur 20 points. Chacun des deux exercices est noté sur 10 points.

Organisez-vous efficacement

- **5 minutes pour lire le sujet en entier**.
- **55 minutes pour chacun des deux exercices**, soit :
  – travail préparatoire au brouillon : 15 minutes ;
  – rédaction : 40 minutes.
- **5 minutes pour relire l'ensemble de la copie.**

2. Quels sont les critères d'évaluation de ma copie de Bac ?

- **Cette épreuve a pour objectif d'évaluer les connaissances et les compétences figurant au programme de l'enseignement scientifique** pour la classe de Première, en lien avec ses trois objectifs généraux de formation :
  – comprendre la nature du savoir scientifique et ses méthodes d'élaboration ;
  – identifier et mettre en œuvre des pratiques scientifiques, notamment à travers l'utilisation de savoirs et de savoir-faire mathématiques ;
  – identifier et comprendre les effets de la science sur les sociétés et sur l'environnement.
- **Le sujet évalue les compétences suivantes** :
  – exploiter des documents ;
  – organiser, effectuer et contrôler des calculs ;
  – rédiger une argumentation scientifique.
  Chaque exercice évalue plus particulièrement une ou deux de ces compétences.

La méthode pour réussir

1. Tout au long de l'année

- **Travaillez régulièrement** tout au long de l'année et **n'hésitez pas à demander de l'aide à vos professeurs** et à vos camarades. Si plusieurs professeurs, de physique-chimie, de SVT et/ou de mathématiques, vous enseignent les sciences, n'hésitez pas à les interroger pour bien comprendre le lien entre leurs différentes interventions.
- **Apprenez à vous servir de votre calculatrice** : choix du mode degré ou radian, calculs avec des puissances de dix, etc.
- **Rédigez des fiches de révision** reprenant les points essentiels à savoir. Pour cela, vous pouvez vous baser sur les fiches de synthèse présentes à la fin de l'ouvrage.
- **Profitez de la réalisation du projet expérimental et numérique en effectif réduit** pour approfondir certains sujets qui vous ont paru difficiles lorsqu'ils ont été traités en classe entière.
- **Diversifiez vos modes de révisions** en réalisant des cartes mentales ou des schémas, en écoutant des podcasts, en visionnant des vidéos…

Astuce
Les fiches de synthèse à la fin de cet ouvrage contiennent toutes les notions à connaître pour l'épreuve d'enseignement scientifique.

2. Le jour de l'épreuve

- **Prenez le temps de lire l'intégralité du sujet** avant de vous lancer.
- **Commencez par les questions avec lesquelles vous êtes le plus à l'aise.**
- **Gérez correctement votre temps** (une heure par exercice). Prévoyez de garder un peu de temps pour la relecture de votre copie.
- **Analysez précisément les différents termes de chaque question et de la consigne** qui accompagne l'exercice. Le questionnement peut être ouvert, et demander une réponse rédigée, ou prendre la forme de questionnaires à choix multiples (dans le cas d'un QCM, chaque question est posée avec au moins une réponse juste). Chaque question peut ou non s'appuyer sur des documents, et son évaluation peut porter sur des connaissances et/ou leur utilisation, ainsi que sur la mise en œuvre d'un raisonnement.

Astuce
Lisez bien la consigne des QCM afin de savoir si une ou plusieurs bonnes réponses sont attendues.

- **Repérez et surlignez éventuellement dans les documents les informations qui sont en rapport avec la consigne.**
- **Mettez en relation les différents documents** lorsque cela est possible.
- **Reliez les informations du (ou des) document(s) avec vos connaissances.**

SUJET 1

20 pts 2 H

La calculatrice est autorisée.

EXERCICE 1 Roches, minéraux et cristaux 10 pts 1 H

Partie 1 Des murs faits de roches volcaniques

Partie 2 Origine de la structure des roches volcaniques

Compétences travaillées :
- exploiter des documents ;
- rédiger une argumentation scientifique.

EXERCICE 2 Énergie du Soleil et des êtres humains 10 pts 1 H

Partie 1 Puissance libérée par le Soleil et puissance thermique libérée par un corps humain

Partie 2 Évolution des recherches scientifiques

Compétences travaillées :
- exploiter des documents ;
- organiser et effectuer des calculs ;
- rédiger une argumentation scientifique.

Exercice 1 Roches, minéraux et cristaux 10 pts 1 H → Corrigé p. 23

Les murs gris sombre, presque noirs, de la cathédrale de Clermont-Ferrand se détachent nettement du paysage urbain. Ces murs ont été édifiés au XIIIe siècle à partir de pierres de Volvic.

Partie 1 Des murs faits de roches volcaniques

DOC. 1 Origine des roches utilisées pour la construction de la cathédrale de Clermont-Ferrand

Les pierres de Volvic sont des roches volcaniques issues d'une coulée de lave refroidie du Puy de la Nugère et découverte presque par hasard au XIIe siècle. La plupart des autres bâtiments de la ville ont été réalisés en pierres issues de calcaires ou à partir de béton.
Les pierres de Volvic, appelées « andésites » avant les années 1960, puis « trachyandésites » depuis cette date, sont maintenant appelées « benmoréites » dans la classification internationale moderne.

Comprendre le document

La benmoréite est le nom scientifique de la pierre de Volvic.

DOC. 2 La benmoréite, une roche volcanique

Lame mince de benmoréite, observée au microscope polarisant présentant un cristal de plagioclase (Pl) et un cristal de biotite (Bt), entourés de cristaux microscopiques de plagioclases
À gauche, observation en lumière polarisée non analysée et à droite en lumière polarisée analysée.

L'observation en lumière polarisée non analysée (lumière naturelle) permet de repérer la couleur naturelle des minéraux. En lumière polarisée analysée, les minéraux cristallins prennent des teintes qui leur sont particulières et qui permettent de les identifier. Un minéral amorphe (c'est-à-dire non cristallisé, comme le verre volcanique) apparaît noir en lumière polarisée analysée ; on dit qu'il est éteint.

Comprendre le document

L'observation de la roche au microscope permet de repérer la taille et la couleur des minéraux.

Questions

1 En utilisant le DOC. 1 et le DOC. 2, expliquer pour quelles raisons la cathédrale de Clermont-Ferrand est gris foncé, alors que la plupart des autres bâtiments de la ville sont beiges.

....

....

....

....

....

....

....

....

....

....

....

Les conseils du prof !

Mettez en relation les termes et expressions suivantes : « roche grise », « minéraux », « couleur naturelle », « composition ».

2 **Schématiser l'assemblage des minéraux présents sur la photographie de droite du DOC. 2.**

Les conseils du prof !

Commencez par dessiner les deux minéraux situés au centre, puis ajoutez de petites baguettes autour, mais ne tentez pas de toutes les représenter.

Partie 2 Origine de la structure des roches volcaniques

DOC. 3 Les conditions de formation des cristaux

De la vanilline est utilisée comme modèle pour comprendre comment la cristallisation (formation des cristaux) se déroule à partir d'une lave. De la vanilline fondue (100 °C) est coulée dans deux boîtes de Pétri. En refroidissant, la vanilline cristallise : à gauche dans une boîte de Pétri à 4 °C ; à droite dans une boîte de Pétri à 30 °C. L'échelle est la même pour les deux photographies.
Ce modèle de cristallisation ne permet pas d'expliquer la formation des différents minéraux dans une roche hétérogène puisqu'il s'agit d'un corps pur. En outre, les températures de fusion et de cristallisation des roches sont bien supérieures à celles de la vanilline.

Comprendre le document

Plus l'écart de température entre la vanilline fondue et la boîte de Pétri est grand, plus la vitesse de refroidissement est rapide.

DOC. 4 **La structure d'un minéral cristallin, la biotite**

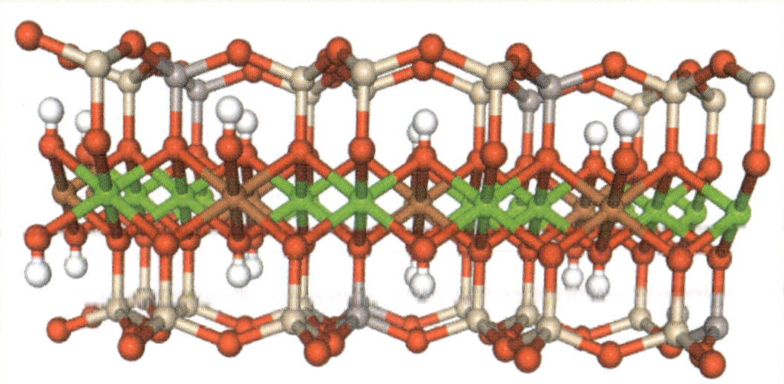

Des logiciels de visualisation des molécules permettent d'obtenir une représentation de la structure de la biotite, un minéral présent dans la pierre de Volvic. Les boules rouges représentent les atomes d'oxygène, les blanches l'hydrogène, les vertes le magnésium, les beiges le silicium, les oranges le fer et les grises l'aluminium. Les bâtonnets représentent les liaisons entre les atomes.
La biotite contient également du potassium qui n'est pas représenté ici.

Comprendre le document

Repérez un motif périodique répété à l'identique dans cette structure cristalline.

DOC. 5 **Structures des roches magmatiques**

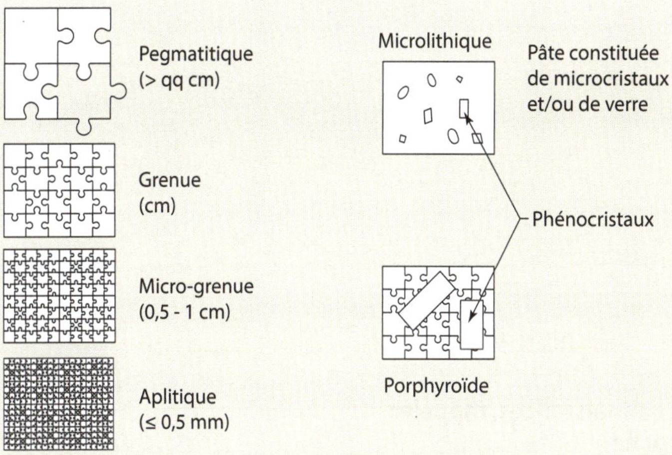

Les structures des roches magmatiques (qui proviennent d'un magma) sont déterminées selon la taille des minéraux qu'elles contiennent (par exemple, dans la structure grenue, les minéraux mesurent 1 à 2 cm). Les phénocristaux sont visibles à l'œil nu ; ils mesurent plus d'un millimètre.

Comprendre le document

Les pièces de puzzle représentent les minéraux cristallisés.

Questions

Les conseils du prof !

3 **Déterminer la structure de la benmoréite en utilisant le DOC. 2 et le DOC. 5.**

Comparez votre schéma de la lame mince de benmoréite avec les schémas du DOC. 5.

4 **Décrire les résultats obtenus dans la manipulation rapportée par le DOC. 3 et expliquer la différence constatée.**

Soyez précis dans votre description : utilisez l'échelle fournie pour indiquer les tailles des cristaux formés.

5 **En utilisant le DOC. 2, le DOC. 4 et ses connaissances, rappeler ce qu'est un cristal et ce qu'est une roche.**

Ne confondez pas les ordres de grandeur entre roche, minéral et cristal.

6 **En utilisant les documents, compléter le schéma ci-dessous destiné à montrer la formation de la pierre de Volvic à partir d'un magma (matière minérale à l'état liquide dont la température est au moins égale à 600 °C).**

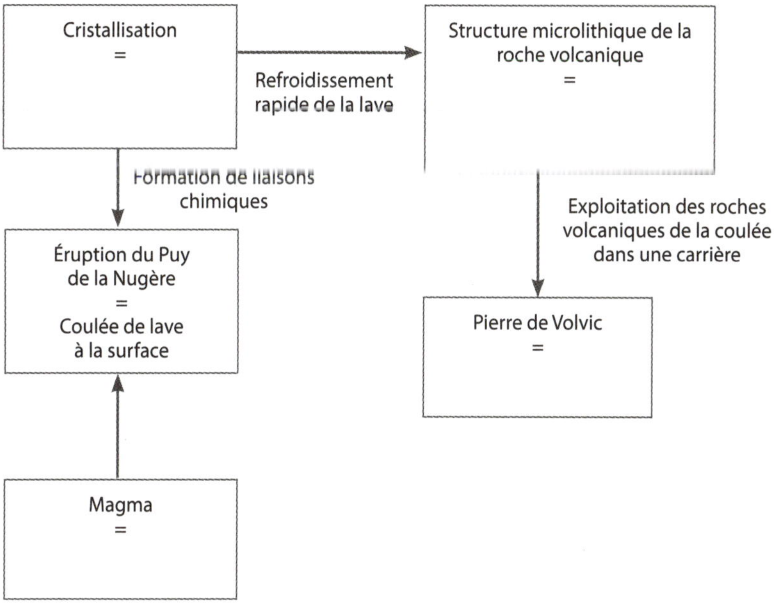

Utilisez des parties de phrases plutôt que des mots seuls afin de donner plus de sens.

Par étapes

ÉTAPE 1 Comprendre les questions

- La question **1** nécessite l'utilisation des informations sur la composition minéralogique de la pierre de Volvic du **DOC. 2**.
- La question **2** implique une interprétation qui comporte des légendes, une échelle et un titre.
- La question **3** s'appuie sur l'échelle du **DOC. 2** pour évaluer la taille des minéraux et la comparer à celles des représentations du **DOC. 5**.
- La question **4** nécessite une description de la taille des minéraux obtenus dans les deux conditions différentes.
- La question **6** implique la rédaction de définitions.

ÉTAPE 2 Exploiter les documents

- **DOC. 1** Repérez la nature, l'origine et le nom de la roche utilisée pour construire la cathédrale.
- **DOC. 2** Relevez la composition et la structure de la roche volcanique appelée pierre de Volvic.
- **DOC. 3** Observez la taille des cristaux formés en fonction de la vitesse de refroidissement.
- **DOC. 4** Notez la composition et la structure d'un minéral présent dans la pierre de Volvic.
- **DOC. 5** Relevez les noms des structures des roches magmatiques selon la taille des minéraux qu'elles contiennent.

ÉTAPE 3 Mettre en relation les documents

- Le **DOC. 1** et le **DOC. 2** indiquent les minéraux responsables de la couleur de la roche.
- Le **DOC. 2** et le **DOC. 5** permettent l'identification de la structure de la roche en fonction de la présence d'une pâte vitreuse ou constituée de cristaux microscopiques.

ÉTAPE 4 Mobiliser ses connaissances

Les connaissances nécessaires à la résolution de cet exercice portent sur :

– les notions de roche, minéral et cristal (➔ fiche de synthèse p. 105) ;

– les conversions des unités de mesure des longueurs (➔ annexe p. 139).

Exercice 2 Énergie du Soleil et des êtres humains 10 pts 1 H → Corrigé p. 24

Le Soleil mais aussi les êtres humains dégagent de l'énergie.

Partie 1 Puissance libérée par le Soleil et puissance thermique libérée par un corps humain

DOC. 1 Le Soleil

Le Soleil brille car en son sein a lieu une fusion nucléaire qui s'est amorcée lors de sa création, lorsque sa masse, sa densité et sa température l'ont permis. Le Soleil se sert de son carburant, l'hydrogène, pour libérer sa formidable énergie, en le transformant en hélium (chaque seconde, 596 millions de tonnes de noyaux d'hélium sont ainsi formées dans le cœur du Soleil). Actuellement, le Soleil est constitué en masse de ¾ d'hydrogène et de ¼ d'hélium. Ses autres composants sont divers métaux qui représentent à peine 0,1 % de sa masse totale.

www.astropolis.fr.

Comprendre le document

Vocabulaire :
Au centre du Soleil, les noyaux d'hydrogène entrent en collision à des vitesses très élevées ; certains noyaux fusionnent alors et forment un noyau d'hélium en libérant de l'énergie, c'est la fusion nucléaire.

DOC. 2 Rayonnement solaire

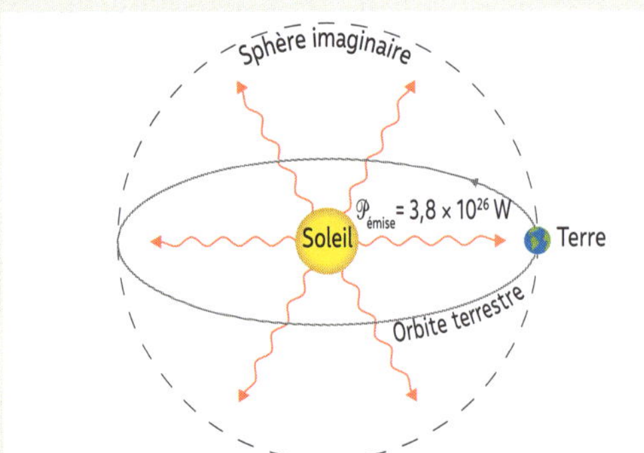

La puissance rayonnée émise par le Soleil se répartit de manière isotrope. Ainsi, à une distance donnée du centre du Soleil, la puissance solaire reçue est répartie de manière homogène sur une sphère de rayon égal à cette distance.

Comprendre le document

Vocabulaire :
L'isotropie est le fait de présenter les mêmes caractéristiques physiques dans toutes les directions de l'espace. La puissance émise par le Soleil se répartit donc de façon identique dans toutes les directions.

DOC. 3 Relation d'Einstein

Lors d'une fusion nucléaire, la diminution de masse observée est liée à la libération d'énergie E, en joule (J), d'après la relation d'Einstein :

$$E = \Delta m \times c^2$$

avec Δm la diminution de masse, en kilogramme (kg), lors de la réaction de fusion et $c = 3{,}0 \times 10^8$ m·s^{-1} la vitesse de propagation de la lumière dans le vide.

Comprendre le document

Histoire des sciences :

- Albert Einstein (1879-1955) est un physicien d'origine allemande, naturalisé suisse, puis américain.
- Ses travaux sur la relativité ont remis en cause les notions classiques sur l'énergie, ce qui l'a amené à la découverte de la relation entre la masse et l'énergie.

DOC. 4 Personne filmée pendant un effort à l'aide d'une caméra infrarouge

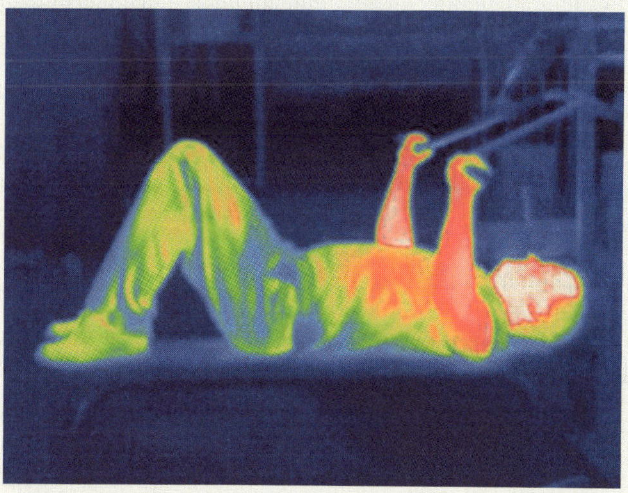

La thermographie infrarouge permet de mesurer à distance la température d'un être humain à partir des rayonnements infrarouges émis par son corps.

Comprendre le document

Description de la photo :

- Sur une image issue d'une caméra infrarouge, les zones correspondant aux différentes températures sont représentées en fausses couleurs.
- Les températures les plus élevées sont ainsi souvent représentées en rouge, la température de la source diminuant graduellement lorsque la coloration passe à l'orange, au jaune, puis au bleu.

Questions

1 **Pour chacune des questions, cocher la bonne réponse.**

a. Le Soleil a une température très élevée car :

☐ l'énergie qu'il libère est compensée par l'énergie dégagée par la respiration cellulaire ou les fermentations.

☐ de l'énergie électrique est convertie en énergie thermique dans son cœur.

☐ il y a un échauffement et une évapotranspiration lors de la photosynthèse qui a lieu dans son cœur.

☐ des réactions de fusion de l'hydrogène ont lieu dans son cœur.

b. La température d'un corps humain est stable (autour de 37 °C) car :

☐ l'énergie qu'il libère est compensée par l'énergie dégagée par la respiration cellulaire ou les fermentations.

☐ de l'énergie électrique est convertie en énergie thermique dans son cœur.

☐ il y a un échauffement et une évapotranspiration lors de la photosynthèse qui a lieu dans son cœur.

☐ des réactions de fusion de l'hydrogène ont lieu dans son cœur.

2 **Comparer la puissance libérée par le Soleil avec la puissance thermique libérée par un corps humain dans les conditions de vie courante, au repos.**

....

....

....

....

....

....

3 **En utilisant le DOC. 2 et le DOC. 3, déterminer la masse solaire transformée chaque seconde en énergie.**

....

....

....

....

....

Les conseils du prof !

Rappelez-vous que la respiration est un ensemble de réactions chimiques permettant, en présence de dioxygène, de convertir une partie de l'énergie contenue dans les nutriments en énergie utilisable par les cellules, tandis que la fermentation permet d'effectuer cette conversion d'énergie en l'absence de dioxygène.

- Utilisez vos connaissances pour indiquer la valeur de la puissance thermique libérée par un corps humain et comparez-la avec la puissance libérée par le Soleil, donnée dans le DOC. 2.
- Calculez le rapport entre ces deux valeurs de puissance pour les comparer.

- Utilisez la relation d'Einstein décrite dans le DOC. 3, ainsi que la valeur de la puissance rayonnée émise par le Soleil donnée dans le DOC. 2.
- Rappelez-vous que la puissance rayonnée, en watt (W), est égale à l'énergie, en joule (J), émise par le Soleil chaque seconde.

4 a. Calculer l'aire de la sphère ayant pour centre le Soleil et pour rayon la distance Terre-Soleil $R = 150 \times 10^9$ m.

Les conseils du prof !

L'aire S d'une sphère de rayon R se calcule grâce à la relation : $S = 4\pi R^2$.

b. Déterminer la puissance solaire reçue par mètre carré sur Terre, à 150 millions de kilomètres du Soleil.

La puissance solaire reçue par mètre carré sur Terre est égale au rapport entre la valeur de la puissance rayonnée émise par le Soleil, donnée dans le **DOC. 2**, et l'aire de la sphère calculée dans la question **4. a**.

Partie 2 Évolution des recherches scientifiques

DOC. 5 Autres domaines de la physique liés à l'étude des rayonnements

Après avoir étudié la « chaleur » et l'électricité afin d'améliorer les conditions de vie de leurs concitoyens, les physiciens se sont intéressés aux rayonnements. Des années 1870 à 1905, les bases de nouveaux domaines de la physique, comme la physique statistique et la physique quantique, ont été établies grâce à l'étude du rayonnement thermique.

Comprendre le document

Vocabulaire :
- La physique statistique est le domaine de la physique qui étudie le comportement et l'évolution d'un système physique macroscopique comportant un très grand nombre d'entités.
- La physique quantique est le domaine de la physique qui modélise les entités microscopiques comme les atomes, les molécules et les ions, ainsi que leur interaction avec les rayonnements électromagnétiques.

Question

5 **Décrire en quelques phrases ce qu'a pu apporter l'étude des rayonnements par des scientifiques en donnant un exemple ainsi que le nom d'un des physiciens ayant travaillé sur ce sujet.**

....

....

....

....

....

....

....

....

....

Les conseils du prof !

- Ne développez pas une argumentation trop longue ; seule une réponse de quelques lignes est demandée.
- L'exemple demandé peut être actuel ou historique.

Par étapes

ÉTAPE 1 Comprendre les questions

- La question **1** est posée sous forme de QCM. Les réponses à cette question nécessitent des connaissances, mais une information utile est aussi donnée dans le **DOC. 1**.
- La question **2** évalue des connaissances et la réalisation du calcul d'un rapport entre deux valeurs.
- Les questions **3** et **4** portent essentiellement sur des compétences mathématiques.
- La question **5** demande la rédaction d'un texte de quelques lignes reprenant des informations extraites des documents.

ÉTAPE 2 Exploiter les documents

- **DOC. 1** Comprenez l'origine du rayonnement solaire grâce ce premier document.
- **DOC. 2** Relevez la valeur de la puissance rayonnée émise par le Soleil, sans oublier l'unité associée.
- **DOC. 3**, **DOC. 4** et **DOC. 5** Les informations présentes dans ces trois documents vous permettront de répondre notamment à la question **5**.

ÉTAPE 3 Mettre en relation les documents

- Le **DOC. 1**, le **DOC. 2** et le **DOC. 3** permettent de comprendre l'origine du rayonnement solaire et de calculer la puissance reçue sur Terre notamment.
- Le **DOC. 4** et le **DOC. 5** donnent des informations sur la puissance thermique libérée par un corps humain, ainsi que sur les recherches scientifiques associées aux rayonnements.

ÉTAPE 4 Mobiliser ses connaissances

Les connaissances nécessaires à la résolution de cet exercice portent sur :
- le rayonnement solaire (→ fiche de synthèse p. 108) ;
- le bilan radiatif terrestre (→ fiche de synthèse p. 110) ;
- le bilan thermique du corps humain (→ fiche de synthèse p. 114).

Exercice 1 → p. 12

Je comprends les corrigés

1 La cathédrale de Clermont-Ferrand est grise, car elle est constituée de pierres de Volvic, alors que les autres bâtiments sont beiges, car édifiés à partir d'autres matériaux (DOC. 1). Or, on constate à l'observation microscopique que la pierre de Volvic (la benmoréite) contient essentiellement des minéraux microscopiques sombres en lumière naturelle (DOC. 2). Donc, la couleur sombre de la roche s'explique par sa composition minéralogique.

> Seule la couleur des minéraux en lumière naturelle est pertinente, pas les teintes en lumière polarisée analysée.

2

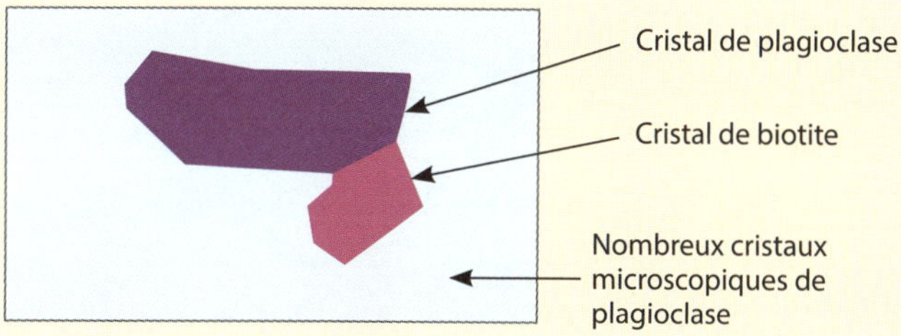

Lame mince de benmoréite observée au microscope polarisant

> Les minéraux observés dans la lame sont représentés de manière simplifiée dans un schéma interprétatif.

3 La benmoréite contient essentiellement des cristaux microscopiques formant une pâte qui entoure deux cristaux dont la taille est supérieure à 1 mm. Or, on constate que cette structure associant une pâte de microcristaux et des phénocristaux est qualifiée de microlitique.

> La taille des cristaux de plagioclase et de biotite visibles dans le DOC. 2 est estimée grâce à l'échelle.

4 On constate que la vanilline refroidie à 4 °C contient des cristaux dont la taille est largement inférieure à 1 cm, alors que la vanilline refroidie à 30 °C contient des cristaux dont la taille excède 1 cm.
On peut penser que la cristallisation est plus longue lorsque le refroidissement est plus lent et permet donc la formation de plus gros cristaux.

> On commence par décrire précisément les résultats de l'expérience avant de proposer une explication.

5 Un cristal est un assemblage ordonné d'ions, d'atomes ou de molécules.
Une roche est un assemblage homogène ou hétérogène de minéraux. Ces minéraux peuvent être totalement ou en partie sous forme cristalline.

> Les définitions demandées doivent avoir un sens général et ne pas se limiter à l'exemple de la roche volcanique présentée dans le sujet.

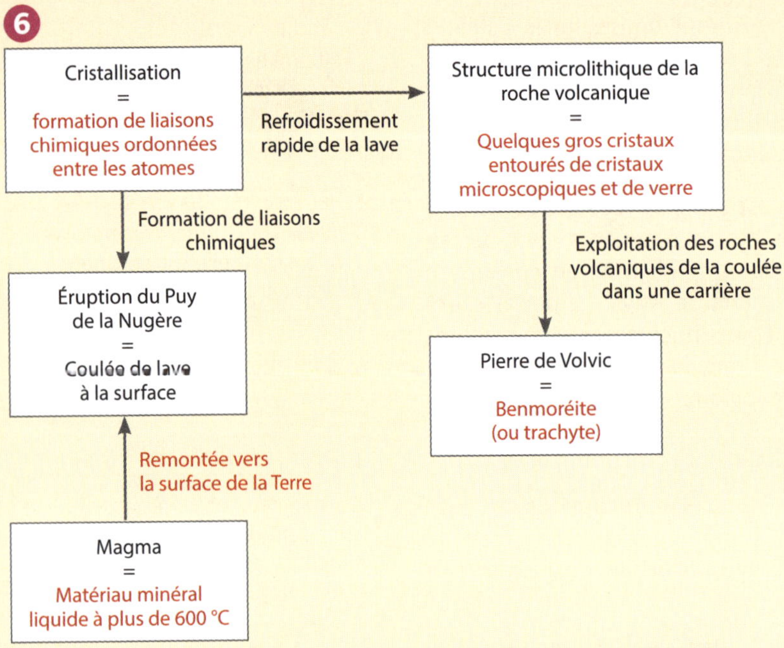

Exercice 2 → p. 18

1 **a.** Le Soleil a une température très élevée, car des réactions de fusion de l'hydrogène ont lieu dans son cœur.

b. La température d'un corps humain est stable (autour de 37 °C), car l'énergie qu'il libère est compensée par l'énergie dégagée par la respiration cellulaire ou les fermentations.

2 Globalement, l'ordre de grandeur de la puissance thermique libérée par un corps humain dans les conditions de vie courante, au repos, est $P_1 = 100 = 10^2$ W.
Par ailleurs, d'après le **DOC. 2**, la puissance rayonnée émise par le Soleil est égale à $3{,}8 \times 10^{26}$ W, soit un ordre de grandeur $P_2 = 10^{26}$ W.

Ainsi, $\dfrac{P_2}{P_1} = \dfrac{10^{26}}{10^2} = 10^{24}$.

La puissance rayonnée émise par le Soleil est un million de milliards de milliards de fois plus grande que la puissance thermique libérée par un corps humain.

Je comprends les corrigés

Les réactions de fusion de l'hydrogène sont des réactions nucléaires.

Même si le **DOC. 4** montre que la température d'un corps humain varie légèrement suivant les zones du corps, on peut considérer que la température d'un corps humain est stable.

L'ordre de grandeur d'une valeur correspond à la puissance de dix la plus proche de cette valeur.

3 D'après le DOC. 2, la puissance rayonnée P émise par le Soleil est égale à $P = 3{,}8 \times 10^{26}$ W.
Par ailleurs, la puissance solaire rayonnée P, en watt (W), est égale à l'énergie E, en joule (J), émise par le Soleil chaque seconde.
Ainsi, d'après la relation d'Einstein présentée dans le DOC. 3, l'énergie E, en joule (J), libérée chaque seconde par le Soleil est telle que : $E = \Delta m\, c^2$ avec Δm la masse solaire, en kilogramme (kg), transformée chaque seconde en énergie lors de la réaction de fusion et $c = 3{,}0 \times 10^8$ m·s^{-1} la vitesse de propagation de la lumière dans le vide.
La masse solaire transformée chaque seconde est donc égale à :

$$\Delta m = \frac{E}{c^2}$$

$$\Delta m = \frac{3{,}8 \times 10^{26}}{(3{,}0 \times 10^8)^2} = 4{,}2 \times 10^9 \text{ kg, soit 4,2 milliards de tonnes !}$$

> Faites le lien entre la puissance et l'énergie pour pouvoir utiliser la relation d'Einstein.

> N'oubliez par le carré au dénominateur lors de l'application numérique, ainsi que l'unité (le kilogramme) dans le résultat final.

4 **a.** L'aire S de la sphère ayant pour centre le Soleil et pour rayon la distance Terre-Soleil R est égale à :
$S = 4\pi R^2$
$S = 4\pi \times (150 \times 10^9)^2 = 2{,}83 \times 10^{23}$ m^2.

> Dans le Système International (SI), l'unité d'une aire est le mètre carré (m^2).

b. La puissance solaire P_r reçue par mètre carré sur Terre, à 150 millions de kilomètres du Soleil, est égale à : $P_r = \frac{P}{S}$ avec $P = 3{,}8 \times 10^{26}$ W la puissance rayonnée émise par le Soleil et S l'aire de la sphère ayant pour centre le Soleil et pour rayon la distance Terre-Soleil.
Ainsi, $P_r = \frac{3{,}8 \times 10^{26}}{2{,}83 \times 10^{23}} = 1{,}3 \times 10^3$ W·m^{-2}.

> Le résultat est donné avec deux chiffres significatifs car la puissance solaire rayonnée a deux chiffres significatifs.

5 Des années 1870 à 1905, les bases de nouveaux domaines de la physique, comme la physique statistique, qui étudie le comportement et l'évolution d'un système physique macroscopique comportant un très grand nombre d'entités, et la physique quantique, qui modélise les entités microscopiques comme les atomes, les molécules et les ions, ainsi que leur interaction avec les rayonnements électromagnétiques, ont été établies grâce à l'étude du rayonnement thermique.
Albert Einstein (1879-1955) a été un des physiciens qui a travaillé sur ce sujet, et il a notamment découvert la relation entre la masse et l'énergie.
L'étude des rayonnements par les physiciens a produit de nombreuses applications utilisées encore aujourd'hui, comme la caméra infrarouge, qui permet de voir les êtres vivants la nuit ou de mesurer une température à distance.

> Il est aussi possible de citer les physiciens autrichiens Josef Stefan (1835-1893) et Ludwig Boltzmann (1844-1906), spécialistes de la physique statistique, ou le physicien allemand Max Planck (1858-1947), l'un des « pères » de la physique quantique, prix Nobel de physique en 1918.

SUJET 2

20 pts — 2 H

La calculatrice est autorisée.

EXERCICE 1 Mesures historiques de la Terre 10 pts 1 H

Partie 1 Expérience d'Anaxagore

Partie 2 Expérience d'Ératosthène

Compétences travaillées :
- exploiter des documents ;
- organiser, effectuer et contrôler des calculs ;
- rédiger une argumentation scientifique.

EXERCICE 2 Capter, transmettre et amplifier le son 10 pts 1 H

Partie 1 Des haut-parleurs à fréquences différentes

Partie 2 La perception des sons par l'oreille humaine

Compétences travaillées :
- exploiter des documents ;
- organiser, effectuer et contrôler des calculs ;
- rédiger une argumentation scientifique.

Exercice 1 Mesures historiques de la Terre 10 pts 1 H → Corrigé p. 38

La forme de la Terre a longtemps fait l'objet de réflexions philosophiques et scientifiques. Suivant la forme choisie, les mêmes observations ont permis à Anaxagore d'estimer la distance Terre-Soleil et à Ératosthène de mesurer la longueur d'un méridien terrestre.

Partie 1 Expérience d'Anaxagore

DOC. 1 Biographie d'Anaxagore

Anaxagore
Philosophe grec
(v. 500-v. 428 av. J.-C.)
Anaxagore est sans doute le plus « moderne » des philosophes archaïques. Il introduisit à Athènes la philosophie, et appartint au cercle éclairé qui entourait Périclès. Il fut condamné pour impiété parce qu'il avait soutenu une astronomie mécaniste. Il envisageait la Terre comme un disque.

D'après www.universalis.fr

Comprendre le document

Histoire des sciences :
Le fait de considérer la Terre comme un disque était une opinion classique à l'époque d'Anaxagore, même si certains philosophes de l'époque pensaient plutôt à une forme cylindrique.

DOC. 2 Calcul de la distance Terre-Soleil par Anaxagore

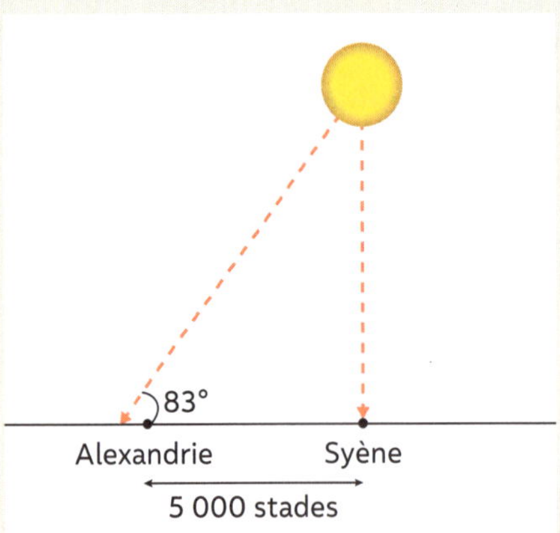

Comprendre le document

Vocabulaire :
Le stade est une unité de distance antique, en vigueur à l'époque d'Ératosthène. Un stade correspond à 150 m actuels.

Questions

1 a. D'après le DOC. 2, calculer la distance Terre-Soleil en utilisant les observations d'Anaxagore.

....

....

....

....

....

....

....

....

....

....

....

....

Les conseils du prof !

Utilisez une formule de trigonométrie pour calculer la distance Terre-Soleil, même si ce n'était pas la méthode utilisée par Anaxagore.

b. Comparer la distance calculée dans la question 1 a. avec la distance moyenne Terre-Soleil aujourd'hui précisément déterminée, égale à 150 millions de km.
Quelle a été l'erreur d'Anaxagore ?

....

....

....

....

....

....

....

....

....

....

....

....

Relisez le DOC. 1 pour comprendre l'erreur d'Anaxagore.

Partie 2 Expérience d'Ératosthène

DOC. 3 Biographie d'Ératosthène

Ératosthène

Astronome, mathématicien et géographe grec d'Alexandrie

(v. 276-v. 194 av. J.-C.)

Premier géographe de l'Antiquité, célèbre aussi comme bibliothécaire du musée d'Alexandrie, Ératosthène était contemporain d'Archimède (v. 287-v. 212 avant J.-C.), lequel lui adressa une lettre sur *La Méthode*, sorte de testament scientifique dans lequel le Syracusain révèle le secret de certaines de ses découvertes. Il proposa notamment la première mesure précise de la circonférence de la Terre, considérée comme sphérique, rompant avec les estimations sans fondement des philosophes grecs.

D'après www.universalis.fr

Comprendre le document

Histoire des sciences :
Le philosophe et scientifique grec Aristote (384-322 av. J.-C.) estimait lui aussi que la Terre était sphérique. C'est d'ailleurs le premier à proposer des éléments de preuve de cette sphéricité.

DOC. 4 Hypothèses d'Ératosthène

Qu'il soit admis pour nous :
– premièrement que Syène et Alexandrie sont établies sous le même méridien ;
– deuxièmement que la distance entre les deux cités est de 5 000 stades ;
– troisièmement que les rayons lumineux envoyés de différents endroits du Soleil sur différents endroits de la Terre sont parallèles ;
– quatrièmement que les droites sécantes des parallèles forment des angles alternes-internes égaux ;
– cinquièmement que les arcs de cercle qui reposent sur des angles égaux sont semblables.

Celui qui pourrait se prévaloir de ces faits comprendrait sans difficulté le cheminement d'Ératosthène.

D'après *Le Mouvement circulaire des corps célestes par Cléomède*, philosophe grec du Ier siècle av. J.-C. (traduction de R. Goulet).

Comprendre le document

Vocabulaire :
Un méridien est un cercle imaginaire à la surface terrestre qui passe par les deux pôles du globe terrestre. Le méridien peut aussi être appelé méridien astronomique.

DOC. 5 Calcul du méridien terrestre par Ératosthène

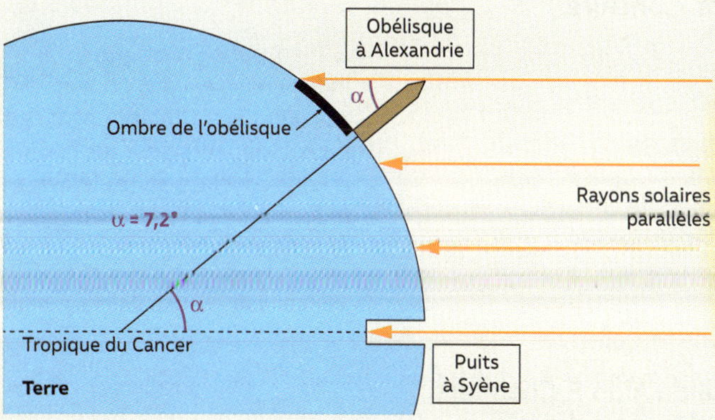

Ératosthène observe à Syène que, le jour du solstice d'été, le Soleil éclaire le fond des puits à midi.
À Alexandrie, il détermine qu'au même moment, les rayons lumineux solaires font un angle $\alpha = 7{,}2°$ avec la verticale.

Comprendre le document

Histoire des sciences :
Pour mesurer le méridien terrestre, Ératosthène a utilisé la relation mathématique suivante :
la longueur L d'un arc de cercle est proportionnelle à l'angle α qui l'intercepte.

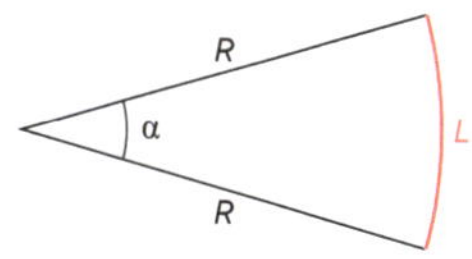

Questions

2 Pour chacune des questions, cocher la (ou les) bonne(s) réponse(s).

a. D'après le DOC. 4, Syène et Alexandrie :
- ☐ sont situées sur le même méridien.
- ☐ ont la même latitude.
- ☐ ont la même longitude.
- ☐ ont les mêmes coordonnées angulaires.

b. Au cours de l'histoire des sciences :
- ☐ seule la forme de la Terre a fait l'objet de controverses.
- ☐ l'organisation du Système solaire a fait l'objet de controverses scientifiques.
- ☐ l'âge de la Terre a fait l'objet de controverses scientifiques.
- ☐ l'âge de la Terre n'a pas évolué, car il était déjà connu précisément dans l'Antiquité.

3 a. D'après le DOC. 4 et le DOC. 5, calculer la longueur d'un méridien terrestre en utilisant les observations d'Ératosthène.

....

....

....

....

....

Les conseils du prof !

Cochez une ou plusieurs bonnes réponses par QCM.

Rappelez-vous que les controverses scientifiques correspondent à des échanges d'arguments scientifiques en apparence valides, conduisant à des résultats contradictoires.

b. Comparer la longueur calculée dans la question **3 a.** avec la longueur d'un méridien terrestre aujourd'hui précisément déterminée, égale à environ 40 000 km. Conclure.

Les conseils du prof !

- Même si ce n'est pas indispensable, vous pouvez calculer l'écart relatif entre ces deux longueurs pour les comparer.
- Pour conclure, faites le lien avec la forme de la Terre envisagée par Ératosthène.

4 Expliquer en quelques lignes cette phrase de Alan F. Chalmers, philosophe des sciences anglais né en 1936 : « La théorie précède l'observation en science. Les observations et les expériences sont faites pour tester ou pour faire la lumière sur une théorie. » (*Qu'est-ce que la science ?*, 1987.)

- Basez-vous sur les réponses aux questions précédentes pour répondre à cette question.
- Ne développez pas une argumentation trop longue ; seule une réponse de quelques lignes est demandée.

Par étapes

ÉTAPE 1 Comprendre les questions

- Les questions **1** et **3** portent essentiellement sur des compétences mathématiques.
- La question **2** est posée sous forme de QCM. Il est nécessaire de faire appel à ses connaissances.
- La question **4** demande une réflexion sur la construction de la science, ce qui est un des objectifs principaux de l'enseignement scientifique en classe de Première.

ÉTAPE 2 Exploiter les documents

- **DOC. 1** et **DOC. 3** Relevez les formes de la Terre envisagées par Anaxagore et par Ératosthène.
- **DOC. 2** Tracez un triangle rectangle sur le schéma représentant les observations d'Anaxagore.
- **DOC. 4** et **DOC. 5** Relevez la valeur de la distance entre Syène et Alexandrie, ainsi que la valeur de l'angle de l'ombre portée de l'obélisque à Alexandrie.

ÉTAPE 3 Mettre en relation les documents

- Les schémas du **DOC. 2** et du **DOC. 5** vous permettent de comprendre que les interprétations d'un même phénomène peuvent différer suivant la forme de la Terre envisagée, tel que cela est décrit dans le **DOC. 1** et le **DOC. 3**.
- Utilisez les informations du **DOC. 4** pour calculer la longueur du méridien terrestre en vous basant sur le schéma du **DOC. 5**.

ÉTAPE 4 Mobiliser ses connaissances

Les connaissances nécessaires à la résolution de cet exercice portent sur :
- la forme de la Terre (➔ fiche de synthèse p. 115) ;
- l'histoire de l'âge de la Terre (➔ fiche de synthèse p. 117) ;
- la Terre dans l'Univers (➔ fiche de synthèse p. 118).

Exercice 2 Capter, transmettre et amplifier le son 10 pts 1 H → Corrigé p. 39

Un tribunal de Saint-Brieuc a interdit à un particulier de réinstaller sur la façade de son domicile le Mosquito, un boîtier à ultrasons destiné à éloigner les jeunes. « Le tribunal a reconnu le trouble anormal de voisinage, et que l'appareil constituait une gêne auditive pour toutes les personnes », a déclaré l'avocat de l'association Val Tonic.

Partie 1 Des haut-parleurs à fréquences différentes

DOC. 1 Des dispositifs sonores contre les regroupements d'adolescents

Selon les fabricants, le boîtier émet des sons dont la fréquence est comprise entre 17,5 et 18,5 kHz pour une intensité maximale de 90 dB (décibels). Le fabricant certifie que seuls les individus âgés de moins de 20 ans peuvent percevoir ces fréquences.

Source : www.lefigaro.fr

Comprendre le document

L'efficacité du boîtier ne repose pas sur l'intensité du son, mais sur sa fréquence.

DOC. 2 Caractéristiques d'un signal sonore

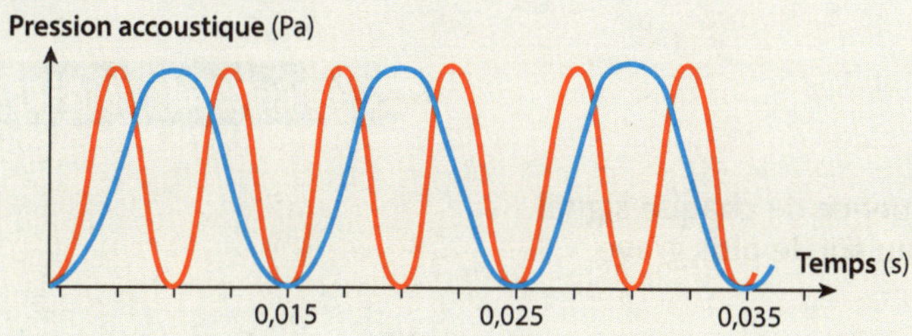

Un son pur est associé à un signal dépendant du temps de façon sinusoïdal. Le graphique ci-dessus superpose deux signaux correspondant à deux sons purs de fréquences différentes.

Comprendre le document

Le signal sonore est périodique, c'est un phénomène qui se répète de façon identique au bout d'un intervalle de temps régulier.

DOC. 3 **Graphique des fréquences des sons émis par un haut-parleur**

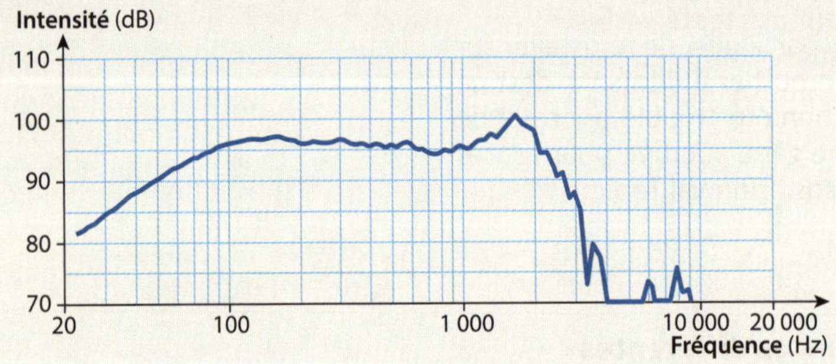

Le haut-parleur génère des compressions de l'air, il transforme l'énergie électrique en énergie sonore. Ainsi, une bobine reçoit le signal électrique et crée à partir de ce dernier un champ magnétique. Le signal est ensuite attiré ou repoussé par l'aimant solidaire de la structure du haut-parleur. Cette bobine, qui oscille et qui est reliée à la membrane du haut-parleur, le fait vibrer en même temps, ce qui comprime l'air et produit une onde sonore dont on peut mesurer les fréquences.

Comprendre le document

L'échelle utilisée pour les abscisses est logarithmique. Chaque graduation entre 1 000 et 10 000 vaut 1 000 Hz.

Questions

Les conseils du prof !

1 Utiliser le **DOC. 2** pour calculer la fréquence de chaque signal et indiquer la courbe qui correspond au son le plus grave (calculs à détailler).

....

....

....

....

....

....

....

....

Mesurez la durée de la période d'un signal à partir du point 0 de l'axe des abscisses.

2 En utilisant le **DOC. 1** et le **DOC. 2**, dessiner en rouge sur le graphique du **DOC. 3** la courbe probable des fréquences émises par le boîtier anti-jeunes.

Dessinez une courbe en forme de cloche ou de rectangle.

3 Un fabricant de boîtiers ultrasons destinés à éloigner les jeunes souhaite commander un nouveau modèle de haut-parleur. À sa réception, le haut-parleur est testé, et les résultats du test sont présentés dans le DOC. 3.
Montrer que ce nouveau matériel ne pourra pas être utilisé pour gêner seulement les jeunes.

....

....

....

....

....

....

....

....

....

....

Les conseils du prof !

Comparez les fréquences des appareils utilisés avec les fréquences des sons perçus seulement par les jeunes.

Partie 2 La perception des sons par l'oreille humaine

DOC. 4 Audiogrammes moyens selon l'âge

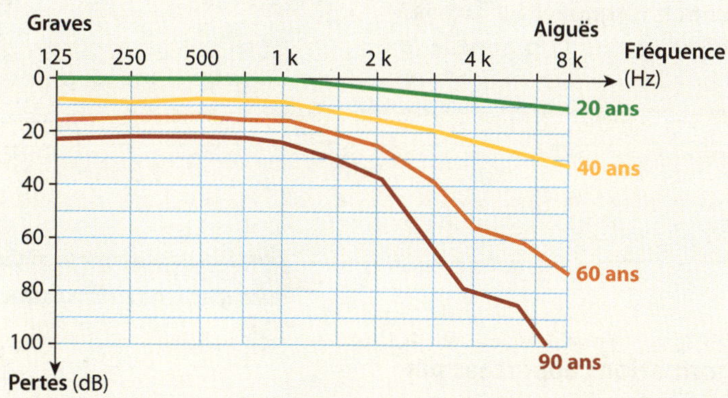

On estime que la perception des fréquences aiguës est significative à partir d'une perte de 50 dB et qu'elle rend difficile la compréhension de l'environnement sonore au-delà d'une perte de 80 dB.

Comprendre le document

La fréquence s'exprime en hertz (Hz) ou en kilohertz (kHz).
1 kHz = 1 000 Hz.

DOC. 5 **Tonotopie de la cochlée**

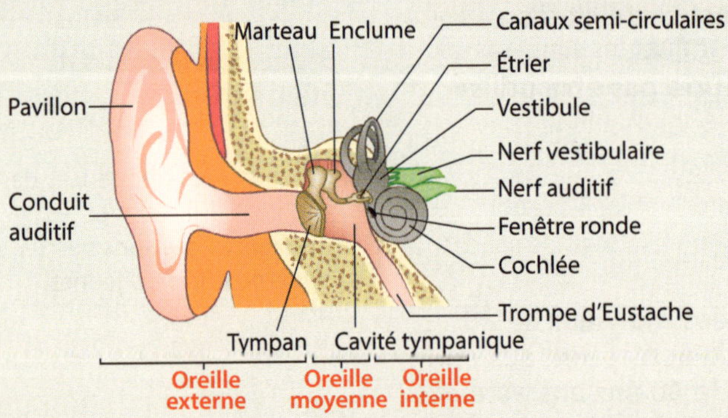

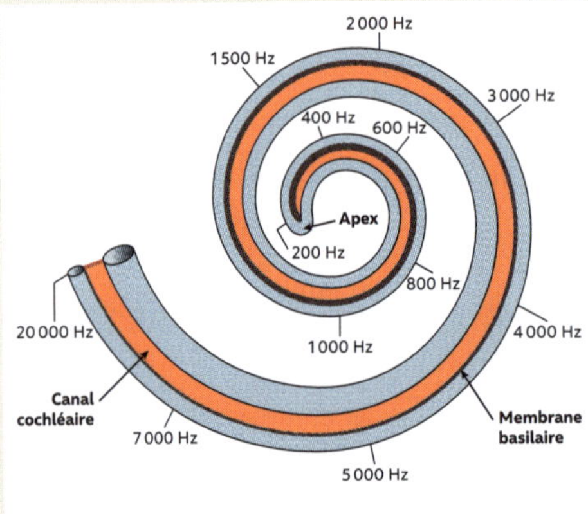

La cochlée, située dans l'oreille interne, permet la perception des vibrations sonores dont les fréquences sont comprises entre 200 et 20 000 Hz (soit 20 kHz). Les fréquences captées sont réparties tout au long de la cochlée : des hautes fréquences à la base jusqu'aux basses fréquences à l'apex. C'est ce que l'on appelle la tonotopie.

Comprendre le document

Le pavillon et le conduit auditif canalisent les vibrations de l'air jusqu'à la membrane du tympan.

Questions

À partir de ses connaissances et des informations apportées par le **DOC. 4** et le **DOC. 5** :

4 Rédiger une hypothèse pour expliquer la différence de perception des fréquences selon l'âge.

....

....

....

Les conseils du prof !

Utilisez une forme grammaticale adaptée pour exprimer une hypothèse.

5 Compléter le tableau suivant.

Éléments de l'oreille	Localisation	Rôle
Pavillon		Focaliser les sons vers le conduit auditif
Osselets (marteau, étrier et enclume)	Oreille moyenne	
	Oreille moyenne	Transformer les vibrations de l'air en vibrations de solides

Les conseils du prof !

Servez-vous des cases du tableau pré-remplies.

6 **Décrire et comparer les audiogrammes des individus de 20 et de 40 ans. Peut-on dire que la perte de perception des fréquences aiguës chez un individu âgé de 40 ans entraîne des difficultés de compréhension de l'environnement sonore ?**

Déterminez graphiquement la valeur de la perte d'intensité à partir de laquelle la perception sonore est altérée.

....

....

....

....

....

....

Par étapes

ÉTAPE 1 Comprendre les questions

- La question **1** nécessite la mobilisation des connaissances sur les notions de période et de fréquence d'un signal.
- La question **2** implique l'utilisation des données numériques des documents.
- La question **3** repose sur une comparaison entre les fréquences d'émission des deux appareils.
- La question **4** exige une observation attentive de la répartition des fréquences perçues le long de la lame basilaire de l'oreille interne.
- La question **5** fait appel à vos connaissances sur le rôle des différentes parties de l'oreille humaine.
- La question **6** doit s'appuyer sur des valeurs tirées du graphique.

ÉTAPE 2 Exploiter les documents

- **DOC. 1** Relevez le principe utilisé par le boîtier pour gêner les jeunes.
- **DOC. 2** Comparez les signaux de deux sons de fréquences différentes.
- **DOC. 3** Repérez la répartition des fréquences des sons émis par un haut-parleur.
- **DOC. 4** Identifiez la perte de perception des sons selon leur fréquence et selon l'âge.
- **DOC. 5** Localisez les zones de perception des différentes fréquences des sons dans l'oreille.

ÉTAPE 3 Mettre en relation les documents

- Utilisez le **DOC. 2** pour comprendre pourquoi des personnes de plus de 20 ans pourraient être gênées par un boîtier anti-jeune mal réglé comme celui du **DOC. 1**.
- Sur le dessin de la cochlée du **DOC. 3**, repérez les zones affectées par les pertes de perception sonore mentionnées dans le **DOC. 4**.

ÉTAPE 4 Mobiliser ses connaissances

Les connaissances nécessaires à la résolution de cet exercice portent sur :

– les notions de vibration sonore, de période, de fréquence et d'intensité (➔ fiche de synthèse p. 119) ;

– les rôles de chaque partie de l'oreille humaine (➔ fiche de synthèse p. 122).

Je comprends les corrigés

Exercice 1 → p. 28

1 **a.** D'après le DOC. 2, le triangle Alexandrie-Syène-Soleil est un triangle rectangle. Ainsi, $\tan(83°) = \frac{d_{\text{Syène-Soleil}}}{d_{\text{Alexandrie-Syène}}}$.

La distance Terre-Soleil, correspondant à la distance Syène-Soleil, est donc égale à :

$d_{\text{Syène-Soleil}} = d_{\text{Alexandrie-Syène}} \times \tan(83°)$

$d_{\text{Syène-Soleil}} = 5\,000 \times 150 \times \tan(83°)$

$d_{\text{Syène-Soleil}} = 6{,}1 \times 10^6 \text{ m} = 6{,}1 \times 10^3 \text{ km}$.

La distance Syène-Soleil est donc égale à environ 6 100 km.

> Pensez à paramétrer votre calculatrice en mode degré et pas en mode radian.

b. Sachant que la distance moyenne Terre-Soleil, aujourd'hui précisément déterminée, est égale à 150 millions de km, on remarque que la distance calculée à partir des observations d'Anaxagore est totalement fausse. En effet, Anaxagore s'est basé sur le fait que la Terre était plate pour interpréter les observations qu'il a effectuées. Ses observations étaient donc correctes, mais l'interprétation qu'il en a faite était totalement erronée, étant donné que la Terre est en réalité sphérique.

> Les photographies de la Terre prises par des sondes ou des satellites dans l'espace permettent de prouver aujourd'hui sans aucune contestation possible la sphéricité de la Terre.

2 **a.** D'après le DOC. 4, Syène et Alexandrie sont situées sur le même méridien et ont la même longitude.

> La longitude est la mesure en degré de l'angle par rapport au méridien de Greenwich, suivie de l'indication « Est » ou « Ouest ».

b. Au cours de l'histoire des sciences, l'organisation du Système solaire et l'âge de la Terre ont fait l'objet de controverses scientifiques.

> Le passage d'une conception géocentrique à une conception héliocentrique du Système solaire a constitué l'une des controverses majeures de l'histoire des sciences.

3 **a.** D'après le DOC. 4, la longueur de l'arc de cercle entre Alexandrie et Syène est égale à :

$L = 5\,000 \times 150 = 7{,}50 \times 10^5 \text{ m} = 750 \text{ km}$.

De plus, d'après le DOC. 5, l'angle par rapport au centre de la Terre qui sépare ces deux cités est égal à $\alpha = 7{,}2°$.

Or, la longueur d'un arc de cercle est proportionnelle à l'angle qui l'intercepte.

Ainsi, la longueur M d'un méridien terrestre est égale à :

$$M = \frac{L \times 360}{\alpha}$$

$$M = \frac{750 \times 360}{7{,}2} = 3{,}8 \times 10^3 \text{ km, soit environ } 38\,000 \text{ km.}$$

> Pensez à convertir la longueur L en mètre (m) ou en kilomètre (km).

b. Sachant que la longueur d'un méridien terrestre, aujourd'hui précisément déterminée, est égale à environ 40 000 km, l'écart relatif est égal à :

$$\frac{40\,000 - 38\,000}{40\,000} = \frac{2\,000}{40\,000} = 0{,}05 = 5\ \%.$$

Cet écart est faible, la mesure réalisée par Ératosthène est donc correcte et très précise pour l'époque. En effet, les observations d'Ératosthène et son interprétation des observations étaient correctes, car il a estimé, avec raison, que la Terre était sphérique.

> L'observation de la coque d'un voilier disparaissant avant le reste du navire sous l'horizon et l'observation de la forme de l'ombre portée de la Terre sur la Lune lors d'une éclipse ont permis de conclure dès cette époque que la Terre était sphérique.

4 Les observations et les expériences réalisées par Anaxagore et par Ératosthène étaient identiques, mais leurs interprétations étaient très différentes, car leurs théories divergeaient (la Terre est un disque pour Anaxagore et une sphère pour Ératosthène).
Alan F. Chalmers, philosophe des sciences anglais, a donc écrit en 1987 que « la théorie précède l'observation en science. Les observations et les expériences sont faites pour tester ou pour faire la lumière sur une théorie », car les exemples d'Anaxagore et d'Ératosthène montrent qu'une observation seule ne permet pas de faire progresser la science. En science, la théorie précède l'observation : pour tester une hypothèse, il faut confronter les résultats expérimentaux attendus à ceux réellement observés.

> En science, il est très rare qu'une observation seule permette de proposer une hypothèse. Un questionnement préalable est quasiment toujours présent, même implicitement.

Exercice 2 → p. 33

1 Pour le signal représenté en bleu, un cycle a une période de 0,015 s.
Par conséquent, la fréquence de ce signal sonore est de $\frac{1}{0{,}015} = 66{,}67$ soit 67 Hz environ.
Pour le signal représenté en rouge, un cycle a une période de 0,0075 s. Par conséquent, la fréquence de ce signal sonore est de $\frac{1}{0{,}0075} = 133{,}34$ soit 133 Hz environ.
La fréquence du signal sonore représenté en bleu est inférieure à celle du signal sonore représenté en rouge, donc le signal sonore représenté en bleu correspond au son le plus grave.

> La fréquence est égale à l'inverse de la période et s'exprime en hertz (Hz).

2

Je comprends les corrigés

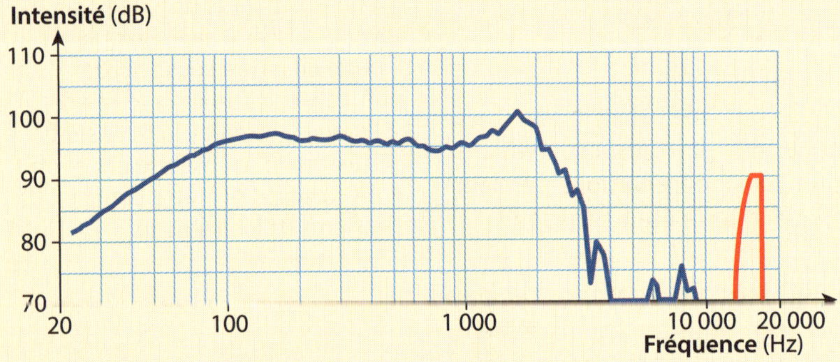

La courbe représentant le signal du boîtier est centrée sur 18 kHz avec un pic à 90 dB.

3 On constate que le haut-parleur testé émet des sons dont les fréquences sont comprises entre 20 et 9 000 Hz. Or, on sait que les sons de fréquences inférieures à 2 000 Hz sont perçus par tous les individus quel que soit leur âge (DOC. 1). Donc, ce haut-parleur ne peut pas être utilisé pour gêner seulement les jeunes.

Un boîtier dit « à ultrason » n'émet pas dans des fréquences aussi basses.

4 Plus un individu est âgé, plus la perte de perception est importante pour les sons aigus. Par exemple, la perte n'est que de 25 dB à 40 ans pour les sons de 4 kHz, alors qu'elle est de 55 dB à 60 ans et de 80 dB à 90 ans. On constate que la perception des sons dans la cochlée correspond à une répartition des différentes fréquences le long de la membrane basilaire. On note que les fréquences aiguës sont situées près de la base de la cochlée. On peut supposer que la base de la cochlée se détériore plus que son apex lors du vieillissement.

L'explication se construit sur des constats, si possible quantifiés.

5

Éléments de l'oreille	Localisation	Rôle
Pavillon	**Oreille externe**	Focaliser les sons vers le conduit auditif
Osselets (marteau, étrier et enclume)	Oreille moyenne	**Amplifier les vibrations du tympan**
Tympan	Oreille moyenne	Transformer les vibrations de l'air en vibrations de solides

Les cases sont complétées en respectant la forme proposée. Par exemple, le rôle est rédigé en commençant par un verbe à l'infinitif.

6 Chez les individus de 20 ou de 40 ans, la perte de perception des sons aigus reste inférieure à 30 dB. Or, la compréhension de l'environnement sonore devient impossible si la perte dépasse 80 dB. Donc, la perte de perception des fréquences aiguës chez un individu âgé de 40 ans n'entraîne pas de difficultés de compréhension de l'environnement sonore.

Pour se faire entendre par une personne âgée, il faut parler plus fort (augmenter l'intensité en dB) pour compenser cette perte de perception sonore.

SUJET 3

20 pts · 2H

La calculatrice n'est pas autorisée.

EXERCICE 1 Différents types de solides 10 pts 1H

Compétences travaillées :
– exploiter des documents ;
– rédiger une argumentation scientifique.

EXERCICE 2 La Terre et la Lune 10 pts 1H

Compétences travaillées :
– exploiter des documents ;
– rédiger une argumentation scientifique.

Exercice 1 Différents types de solides 10 pts 1 H → Corrigé p. 52

Le verre et le sel de cuisine sont tous les deux des solides à température ambiante, mais les entités qui les composent n'ont pas la même organisation.

Partie 1 Le verre

Le verre est un mélange composé majoritairement de silice SiO_2, qui est le constituant principal du sable.

DOC. 1 Description du verre

Le verre est un solide amorphe, car les entités qui le constituent sont disposées de façon totalement désordonnée. L'analyse microscopique, appelée aussi analyse nanoscopique, de la silice montre en effet que les atomes de silicium Si et d'oxygène O ne sont pas organisés suivant un ordre géométrique.

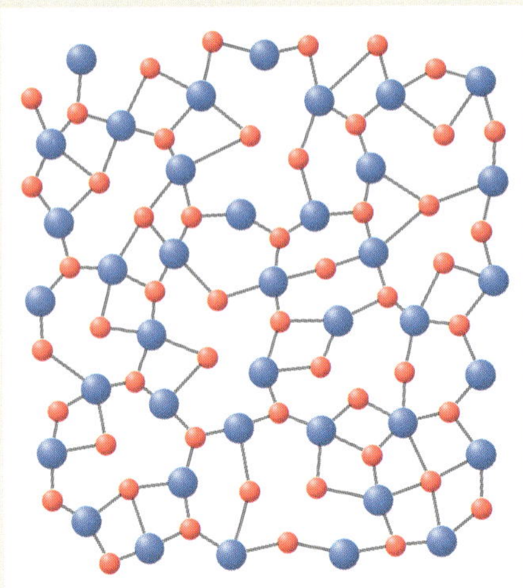

Structure microscopique de la silice

Les atomes de silicium sont représentés par des boules indéformables bleues et les atomes d'oxygène par des boules indéformables rouges.

Comprendre le document

Vocabulaire :
Un solide amorphe est un solide dont les entités ne sont pas disposées régulièrement à l'échelle microscopique, appelée aussi échelle nanoscopique.

Questions

Les conseils du prof !

1 a. Expliquer pourquoi l'analyse microscopique des atomes est aussi appelée analyse nanoscopique.

Pour répondre aux questions **1 a.** et **1 b.**, rappelez-vous qu'une analyse microscopique correspond à une analyse d'entités non visibles à l'œil nu, contrairement à une analyse macroscopique qui correspond à une analyse d'entités visibles à l'œil nu.

b. Indiquer si l'analyse microscopique d'une cellule peut elle aussi être appelée analyse nanoscopique. Justifier la réponse.

2 Indiquer si le verre est un solide cristallin. Justifier la réponse.

Un solide cristallin est un solide dont les entités qui le constituent sont organisées régulièrement.

Partie 2 Le sel de cuisine

Le sel de cuisine, appelé aussi chlorure de sodium, est un solide ionique. Il peut se former lors de l'évaporation de l'eau de mer dans des marais salants par exemple.

DOC. 2 Description macroscopique du sel de cuisine

À l'échelle macroscopique, le chlorure de sodium constituant le sel de cuisine se trouve sous forme de cristaux, ayant souvent une forme cubique.

Cristaux de chlorure de sodium

> **Comprendre le document**
>
> **Vocabulaire :**
> Un cristal est un solide constitué d'un très grand nombre d'entités disposées suivant une organisation régulière dans l'espace.

DOC. 3 Description microscopique du sel de cuisine

À l'échelle microscopique, le chlorure de sodium constituant le sel de cuisine est décrit par une maille de forme cubique, se répétant un très grand nombre de fois. Pour représenter cette maille, les ions peuvent être modélisés par des boules indéformables.

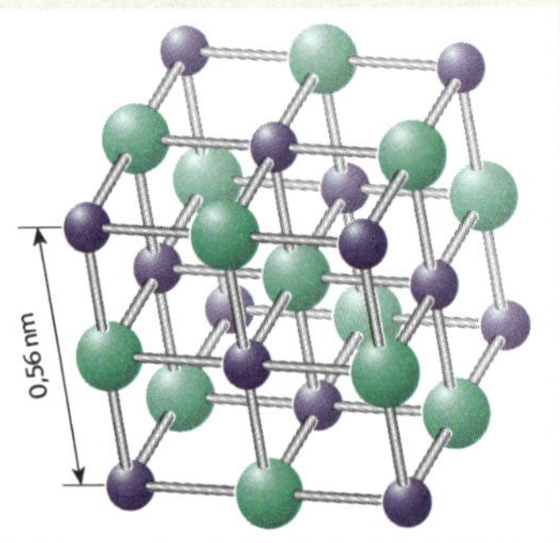

Structure du chlorure de sodium

Les ions chlorure sont représentés en vert et les ions sodium en violet.

> **Comprendre le document**
>
> **Vocabulaire :**
> Une maille est un arrangement ordonné dans l'espace d'entités, dont la répétition permet d'obtenir un cristal.

DOC. 4 Premières descriptions microscopiques du sel de cuisine

En 1913, le scientifique britannique William Henry Brag (1862-1942) décrit la structure cubique du chlorure de sodium constituant le sel de cuisine. Il montre que les ions chlorure et les ions sodium sont organisés régulièrement, comme l'avait prévu deux siècles plus tôt le minéralogiste français René-Just Haüy (1743-1822), fondateur de la cristallographie géométrique. Pour cela, William Henry Brag fonde une nouvelle discipline : l'analyse par rayons X des structures cristallines.

Comprendre le document

Vocabulaire :
Les rayons X sont une forme de rayonnement électromagnétique à haute fréquence.

Questions

Les conseils du prof !

3 Expliquer en quelques phrases pourquoi certaines découvertes scientifiques peuvent mettre plusieurs siècles pour être confirmées.

....

....

....

....

....

....

> Basez-vous sur l'exemple de la structure cristalline du chlorure de sodium.

4 Indiquer si le sel de cuisine est un solide cristallin. Justifier la réponse.

....

....

....

....

> Utilisez les informations données dans le DOC. 2 et le DOC. 3.

5 Donner deux exemples de réseaux pouvant décrire des cristaux et représenter l'un d'eux en perspective cavalière.

....

....

....

....

Les conseils du prof !

Ne perdez pas de temps à représenter les deux exemples de réseaux en perspective cavalière. Une seule représentation est demandée.

Par étapes

ÉTAPE 1 Comprendre les questions

- La question **1** nécessite la connaissance de l'ordre de grandeur des dimensions d'un atome et d'une cellule.
- Les questions **2** et **4** portent sur la même notion de structure cristalline.
- La question **3** porte sur la construction de la science en général, en prenant comme exemple la mise en évidence de la structure cristalline du chlorure de sodium.
- La question **5** fait appel à vos connaissances.

ÉTAPE 2 Exploiter les documents

- **DOC. 1** La description du verre faite dans le document est en réalité une description microscopique, que l'on peut aussi appeler description nanoscopique.
- **DOC. 2** et **DOC. 3** La description du sel de cuisine est séparée en deux documents : le **DOC. 2** est une description macroscopique, c'est-à-dire une description du sel tel qu'il peut être vu à l'œil nu, alors que le **DOC. 3** est une description microscopique, c'est-à-dire de ce qui est invisible à l'œil nu.
- **DOC. 4** Ce document permet de comprendre la construction du savoir scientifique.

ÉTAPE 3 Mettre en relation les documents

- Comparez les informations données dans les trois premiers documents pour identifier quel solide est un solide cristallin.
- Le **DOC. 4** est relié au **DOC. 2** et au **DOC. 3** afin de bien montrer que le savoir scientifique résulte d'une longue construction collective.

ÉTAPE 4 Mobiliser ses connaissances

Les connaissances nécessaires à la résolution de cet exercice portent sur :

- des édifices ordonnés : les cristaux (➔ fiche de synthèse p. 105) ;
- une structure complexe : la cellule vivante (➔ fiche de synthèse p. 106).

Exercice 2 La Terre et la Lune 10 pts 1 H → Corrigé p. 53

Les êtres humains ont toujours cherché à étudier la Terre et la Lune afin de déterminer leur forme, leur âge, etc. et de comprendre comment elles se sont créées.

Partie 1 Forme et position des astres

DOC. 1 La Terre vue de l'espace

En orbite autour de la Lune, la caméra de la sonde spatiale américaine LRO (*Lunar Reconnaissance Orbiter*) a capté en 2015 cette image de la Terre, vue par-delà le limbe bosselé de la Lune.

D'après www.autourduciel.blog.lemonde.fr

Comprendre le document

Vocabulaire :
La limbe est le bord extérieur d'un astre en astronomie.
Description de la photo :
La photographie permet de montrer la sphéricité de la Terre.

DOC. 2 La face cachée de la Lune

En 2019, la Chine est devenue la première nation à faire atterrir indemne un engin spatial sur la face non visible de la Lune depuis la Terre. Le rover chinois a atterri dans le bassin Aitken, un cratère d'une largeur d'environ 800 km créé il y a plusieurs milliards d'années par l'impact d'un astéroïde.
Si on arrivait à déterminer précisément l'âge de ce cratère, nous pourrions en savoir un peu plus sur l'environnement du système solaire à l'époque, car cette analyse pourrait par exemple permettre d'inscrire un épisode fort en passage d'astéroïdes dans les chapitres de son histoire. En effet, sur la Terre, il n'est pas possible de trouver d'aussi anciens cratères artificiels, puisque ceux-ci se résorbent naturellement.

D'après siecledigital.fr

Comprendre le document

Vocabulaire :
- Un rover est un véhicule spatial capable de se déplacer sur un astre.
- Un astéroïde est un corps céleste composé de roches et de métaux, dont la taille peut aller de quelques centimètres à plusieurs kilomètres.

Questions

1 **Cocher la bonne réponse.**

La Lune a une face non visible depuis la Terre car :

- ☐ elle est immobile par rapport à la Terre.
- ☐ la face cachée de la Lune n'est jamais éclairée par le Soleil.
- ☐ elle tourne à la fois sur elle-même et autour de la Terre.
- ☐ elle tourne sur elle-même sans tourner autour de la Terre.

2 **L'image de la Terre captée par la caméra de la sonde spatiale américaine LRO en 2015 (DOC. 1) permet de montrer que la Terre est sphérique. Indiquer deux observations qui ont permis de conclure que la Terre était sphérique dès l'Antiquité, alors qu'il n'était bien sûr pas possible à l'époque d'envoyer des sondes dans l'espace pour vérifier cette sphéricité.**

....

....

....

....

....

....

....

Les conseils du prof !

Ne confondez pas la rotation d'un astre sur lui-même avec la révolution d'un astre autour d'un autre astre.

Utilisez vos connaissances pour répondre et faites attention aux anachronismes, c'est-à-dire aux confusions de dates ou aux attributions à une époque de ce qui appartient à une autre époque. Par exemple, si vous souhaitez évoquer un navire, ne parlez pas d'un paquebot ou d'un bateau à moteur, alors qu'il est demandé de donner des exemples d'observations réalisées dès l'Antiquité.

Partie 2 Âge des astres

DOC. 3 L'âge de la Lune

La Lune possède de fortes similarités chimiques avec la Terre, montrant un lien génétique fort entre les deux corps. Selon une des théories les plus couramment admises, la Lune serait née de la collision d'une planète de la taille de Mars avec la Terre.

Grâce aux échantillons lunaires ramenés sur Terre lors des explorations spatiales, les scientifiques ont pu déterminer l'âge de la Lune. D'après plusieurs méthodes de datation, similaires à celles utilisées aujourd'hui pour déterminer l'âge de la Terre, la Lune se serait formée environ 200 millions d'années après la Terre.

D'après www.universalis.fr

Comprendre le document

Source du document :
Encyclopaedia Universalis est une encyclopédie de référence. Les informations qu'elle délivre sont fiables.

DOC. 4 **Datation de la Terre**

Quel est l'âge de la Terre ?

Déterminer l'origine du monde est d'abord lié aux croyances et aux religions. On retrouve déjà des estimations de l'âge de la Terre dans l'Antiquité, puis au Moyen Âge. En 1655, l'archevêque anglican James Ussher calcule l'âge de la Terre en se basant sur les textes de l'Ancien Testament : elle s'est formée en 4004 avant J.-C. Il donne même le jour et l'heure de sa création ! [...]

Le XIXe siècle est de fait marqué par de nombreuses querelles entre scientifiques au sujet de l'âge de la Terre. Vers 1860, le physicien anglais Lord Kelvin propose un âge de 100 millions d'années à partir d'expériences basées sur les lois de la thermodynamique. Les géologues, dont Charles Lyell et Charles Darwin sont les chefs de file, estiment cet âge beaucoup trop faible. La querelle entre géologues et physiciens fait rage !

C'est la découverte de la radioactivité naturelle par Henri Becquerel en 1896 et le développement de son application à la datation qui y mettront fin. [...]

En 1953, [Clair Cameron] Patterson procède à l'analyse de la composition isotopique du plomb contenu en traces dans les météorites et montre que la Terre et les météorites se sont formées à la même époque [...]. En se référant au corpus de connaissances acquis depuis, l'étude de Patterson est considérée comme ayant fourni la première estimation correcte de l'âge de la formation du Système solaire et de la Terre. Cet âge sera confirmé par d'autres méthodes isotopiques (potassium/argon et rubidium/strontium).

D'après IFE, acces.ens-lyon.fr

Comprendre le document

Histoire des sciences

- La première estimation de l'âge de la Terre basée sur des données expérimentales et non sur une croyance a été réalisée vers 1755 par Georges Louis Leclerc, comte de Buffon, à l'aide d'expériences sur la durée de refroidissement de sphères métalliques de différents diamètres.
- Il a alors trouvé un âge de la Terre de 10 millions d'années environ.
- Pourtant, il n'annoncera que 74 000 ans pour être, selon ses notes, compris de ses lecteurs !

Questions

3 **Cocher la bonne réponse.**
L'âge de la Terre, aujourd'hui précisément déterminé, est de :

☐ 13,75 milliards d'années.
☐ 4,57 milliards d'années.
☐ 2,37 milliards d'années.
☐ 74 000 ans.

Les conseils du prof !

Attention, n'indiquez pas l'âge de l'Univers à la place de l'âge de la Terre.

4 D'après le DOC. 3, plusieurs méthodes de datation similaires à celles utilisées aujourd'hui pour déterminer l'âge de la Terre ont été utilisées pour déterminer le plus précisément possible l'âge de la Lune.
À partir de l'exemple de la datation de l'âge de la Terre, rédiger une synthèse d'une quinzaine de lignes montrant comment la science construit et perfectionne peu à peu sa compréhension de la nature, en exploitant des faits nouveaux apparus successivement.

Les conseils du prof !

Développez votre argumentation en vous appuyant sur les documents, mais aussi sur vos connaissances. Le but n'est pas de réaliser une synthèse exhaustive des différentes datations de l'âge de la Terre, mais de prendre certains exemples de datation pour expliquer comment la science se construit. Il peut être intéressant de présenter une controverse, puis d'expliquer comment un fait scientifique nouveau a pu y mettre fin.

Par étapes

ÉTAPE 1 Comprendre les questions

- Les questions 1 et 3 sont posées sous forme de QCM. Elles font appel à vos connaissances.
- La question 2 évalue également des connaissances.
- La question 4 demande la rédaction d'une synthèse se basant sur les documents présentés dans cet exercice. La synthèse demandée porte sur la construction de la science en général, en prenant comme exemple la datation de l'âge de la Terre.

ÉTAPE 2 Exploiter les documents

- DOC. 1, DOC. 2 et DOC. 3 D'après les questions posées, ces trois documents ne sont pas réellement utiles à la résolution de l'exercice. Ce sont des documents de contexte permettant de poser des questions portant sur la Lune.
- DOC. 4 Seul ce document, donnant des informations sur la datation de l'âge de la Terre, est essentiel dans cet exercice. Repérez-y notamment les noms des différents scientifiques ayant cherché à déterminer l'âge de la Terre.

ÉTAPE 3 Mettre en relation les documents

- Les deux premiers documents présentent des avancées scientifiques récentes afin de montrer que les scientifiques continuent à étudier la Terre et son satellite naturel : la Lune.
- Les quatre documents vous permettent aussi de comprendre que la datation de l'âge de la Terre est bien sûr utile pour connaître l'âge de notre planète, mais aussi pour obtenir des informations sur d'autres astres du Système solaire.

ÉTAPE 4 Mobiliser ses connaissances

Les connaissances nécessaires à la résolution de cet exercice portent sur :
- la forme de la Terre (➔ fiche de synthèse p. 115) ;
- l'histoire de l'âge de la Terre (➔ fiche de synthèse p. 117) ;
- la Terre dans l'Univers (➔ fiche de synthèse p. 118).

SUJET 3 CORRIGÉS

Je comprends les corrigés

Exercice 1 → p. 42

1 a. L'analyse microscopique des atomes est aussi appelée analyse nanoscopique, car l'ordre de grandeur de la dimension d'un atome n'est pas le micromètre, mais plutôt le dixième de nanomètre.

b. L'analyse microscopique des cellules ne peut pas être appelée analyse nanoscopique, car l'ordre de grandeur des plus petites cellules est le micromètre et non le nanomètre.

> L'échelle nanométrique est l'échelle des entités dont l'ordre de grandeur va du dixième de nanomètre à la dizaine de nanomètres :
> $1 \text{ nm} = 1 \times 10^{-9} \text{ m}$.

2 Le verre n'est pas un solide cristallin. C'est un solide amorphe, car les atomes qui le constituent ne sont pas organisés régulièrement.

> Amorphe signifie « sans forme » (du grec *morphos*, « forme », associé au préfixe privatif « a »).

3 Certaines découvertes scientifiques peuvent mettre plusieurs siècles pour être confirmées. Par exemple, René-Just Haüy (1743-1822), le fondateur de la cristallographie géométrique, avait prévu dès le XVIIIe siècle la régularité de l'organisation des entités constituant les cristaux, mais il n'avait pas à l'époque le matériel nécessaire pour prouver son affirmation. Il a alors fallu attendre les avancées technologiques du XXe siècle et l'invention des rayons X pour avoir la confirmation expérimentale de cette affirmation.

> Les premiers microscopes optiques ont été conçus au XVIIe siècle, mais aucun microscopique optique, ancien ou actuel, ne permet de voir des atomes ou des ions.

4 Le sel de cuisine est un solide cristallin, car les ions qui le constituent sont organisés régulièrement.

5 Des cristaux peuvent être décrits par :

– un réseau cubique simple, pouvant être représenté en perspective cavalière par :

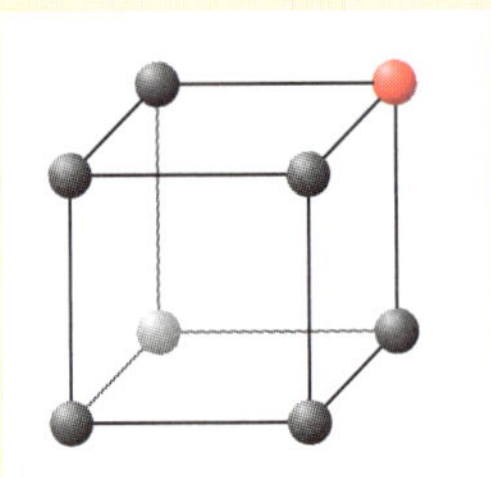

> La perspective cavalière permet de représenter en deux dimensions un solide à trois dimensions.
> Une seule représentation est demandée dans la réponse à cette question.

– un réseau cubique à faces centrées, pouvant être représenté en perspective cavalière par :

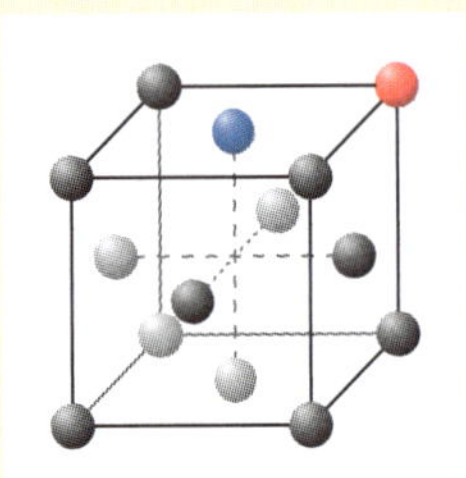

Exercice 2 → p. 47

1 La Lune a une face non visible depuis la Terre, car elle tourne à la fois sur elle-même et autour de la Terre.

> La face cachée de la Lune est éclairée par le Soleil, lors de la nouvelle lune par exemple, mais la lumière diffusée par la face cachée de la Lune n'atteint pas la Terre.

2 Alors qu'il n'était bien sûr pas possible dans l'Antiquité d'envoyer des sondes dans l'espace pour vérifier la sphéricité de la Terre, l'observation de la coque d'un voilier disparaissant avant le reste du navire sous l'horizon et l'observation de la forme de l'ombre portée de la Terre sur la Lune lors d'une éclipse ont permis de conclure dès cette époque que la Terre était sphérique.

> Aristote explicite notamment ces observations dans le traité *Du ciel*, en 350 av. J.-C. Ainsi, à la fin du IIIe siècle avant J.-C., le modèle d'une Terre sphérique est accepté par les Grecs.

3 L'âge de la Terre aujourd'hui précisément déterminé est de 4,57 milliards d'années.

> 13,75 milliards d'années est l'âge de l'Univers.

4 Le savoir scientifique résulte d'une longue construction collective faisant intervenir des échanges d'arguments et des controverses. Les faits nouveaux, les techniques et les théories nouvelles permettent d'affiner ou de rejeter les précédentes conclusions et installent lentement la certitude.

Ainsi, pour déterminer l'âge de la Terre, les premières prévisions ne se basaient pas sur des faits scientifiques. Ussher par exemple a analysé des textes bibliques pour conclure que la Terre a été créée le dimanche 23 octobre 4004 avant J.-C. Ensuite, dès le XVIIIe siècle, les scientifiques ont utilisé des arguments scientifiques, mais ceux-ci se basaient sur des théories différentes qui n'aboutissaient pas au même âge de la Terre :
- Buffon ou Kelvin ont calculé la durée nécessaire pour que la Terre, initialement en fusion, se refroidisse (arguments physiques) ;
- Lyell a estimé la durée nécessaire pour la formation des structures géologiques, comme les empilements sédimentaires (arguments géologiques) ;
- Darwin a déterminé la durée nécessaire aux transformations lentes de l'évolution biologique qui ont abouti à la diversité actuelle des êtres vivants (arguments biologiques).

> N'oubliez pas de commencer votre synthèse par une introduction. Proposez également différents paragraphes afin d'aérer votre texte.

> La proposition d'Ussher peut être qualifiée de dogmatique, car elle ne s'appuie pas sur des explications scientifiques. Il faut aussi savoir que certains scientifiques pourtant célèbres étaient en accord avec ce dogme religieux. Par exemple, Isaac Newton a aussi proposé une date de création de la Terre : 3998 ans avant J.-C.

Je comprends les corrigés

Pour aller au-delà de ces controverses, il a fallu attendre la découverte de la radioactivité en 1896 (nouveau fait) et l'invention des spectromètres de masse (nouvelle technique). Cela a en effet permis à Rutherford et Patterson d'utiliser de nouvelles méthodes de datation fondées sur la radioactivité pour calculer l'âge de la Terre.

Un consensus scientifique a alors pu être trouvé sur l'âge de la Terre, en 1953, après deux siècles de controverses : en utilisant les lois de décroissance radioactive, l'âge de la Terre est aujourd'hui estimé à 4,57 milliards d'années.

C'est au XVIIIe siècle qu'on remet en question l'idée d'un monde jeune. Certains scientifiques de l'époque affirment que l'âge de la Terre devrait être nettement supérieur à celui énoncé auparavant, car des fossiles commencent à s'amasser dans les cabinets de curiosités. En effet, comment autant de restes d'êtres vivants auraient-ils pu être accumulés si la Terre était aussi jeune que ce qui était proposé au début du XVIIIe siècle ?

SUJET 4

20 pts — 2H

La calculatrice n'est pas autorisée.

EXERCICE 1 Les forêts tropicales transpirent 10 pts 1H

Partie 1 Une conversion biologique de l'énergie solaire : la photosynthèse

Partie 2 Conséquences d'une couverture végétale sur le climat

Compétences travaillées :
- exploiter des documents ;
- contrôler des calculs ;
- rédiger une argumentation scientifique.

EXERCICE 2 Numérisation d'un son et compression 10 pts 1H

Partie 1 Numérisation d'un son

Partie 2 Compression d'un son

Compétences travaillées :
- exploiter des documents ;
- contrôler des calculs ;
- rédiger une argumentation scientifique.

Exercice 1 Les forêts tropicales transpirent 10 pts

1 H → Corrigé p. 67

Les végétaux chlorophylliens présents sur les continents et dans les océans utilisent une source d'énergie inépuisable, le Soleil. Cette énergie est utilisée pour produire la matière végétale. La production de biomasse végétale est tellement importante dans les forêts tropicales qu'elle a des conséquences sur le climat.

Partie 1 Une conversion biologique de l'énergie solaire : la photosynthèse

DOC. 1 Répartition de l'énergie solaire reçue par un arbre

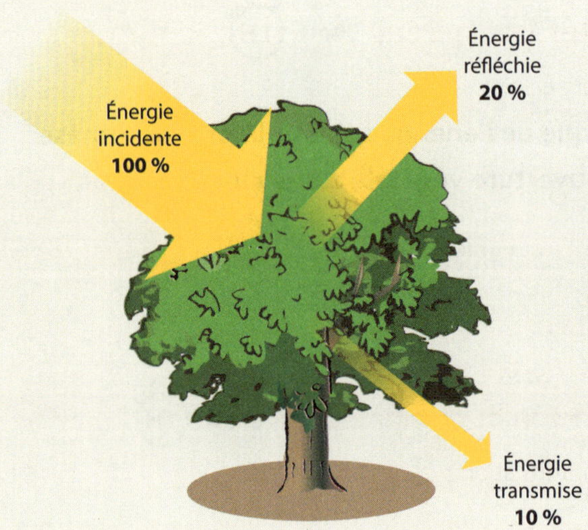

Il est possible d'estimer les parts respectives des énergies incidente, réfléchie et transmise par un arbre même si elles varient beaucoup selon l'espèce de l'arbre, son âge, la saison, etc.

Comprendre le document

L'énergie incidente est l'énergie solaire reçue par la surface représentée par les feuilles.

DOC. 2 Spectre d'absorption des pigments chlorophylliens

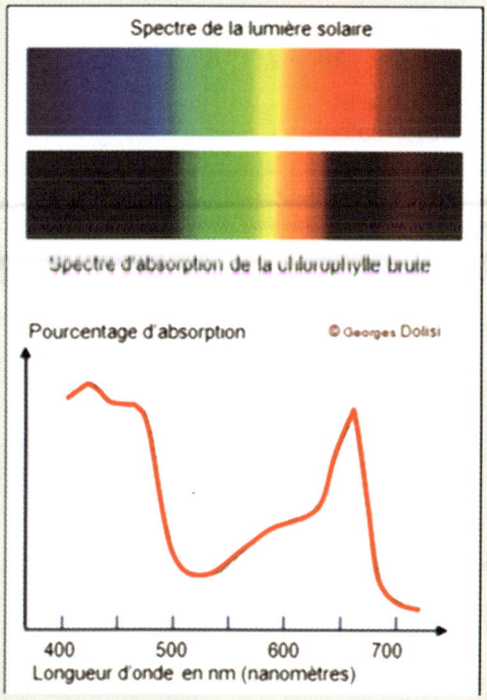

Source : www.snv.jussieu.fr

Les pigments de feuilles de végétal chlorophyllien sont extraits, mis en solution et éclairés avec une source de lumière comparable à celle émise par le Soleil. Un dispositif analyse et mesure la lumière qui traverse la solution.

Comprendre le document

La lumière solaire est décomposée en un spectre comportant les radiations colorées visibles lors d'un arc-en-ciel.

DOC. 3 Devenir de l'énergie lumineuse absorbée par une feuille

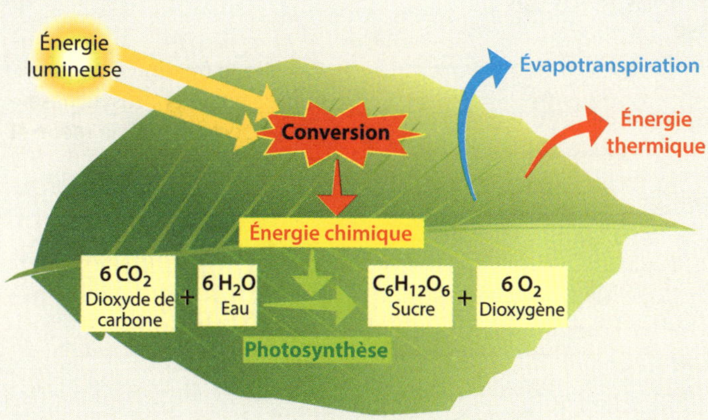

Pour 200 000 joules d'énergie lumineuse reçue, une feuille en convertit 2 000 en énergie chimique utilisable pour la photosynthèse. Le reste de l'énergie lumineuse absorbée est transformé en énergie thermique qui réchauffe la feuille et se dissipe ensuite dans l'environnement. Chez les plantes aériennes, une partie de cette énergie thermique sert à l'évapotranspiration.

Comprendre le document

L'équation de la photosynthèse indique les réactifs transformés en produits grâce à l'énergie lumineuse.

Questions

Les conseils du prof !

En s'appuyant sur ses connaissances et sur les documents :

1 Calculer la part d'énergie solaire absorbée par un arbre et proposer une utilisation de cette énergie par l'arbre (calculs à présenter).

Détaillez vos calculs en posant d'abord la forme littérale, puis la forme mathématique.

2 Déterminer les longueurs d'onde et les couleurs des radiations absorbées par les pigments chlorophylliens.

Tirez des traits verticaux à partir du spectre d'absorption pour déterminer des valeurs de longueur d'onde des radiations absorbées.

3 Rédiger une définition du processus biologique de la photosynthèse, puis calculer le pourcentage d'énergie lumineuse utilisée par la photosynthèse.

Calculez la fraction d'énergie utilisée par la photosynthèse par rapport à l'énergie reçue et multipliez par 100.

Partie 2 Conséquences d'une couverture végétale sur le climat

DOC. 4 **Les effets de la végétation sur le climat**

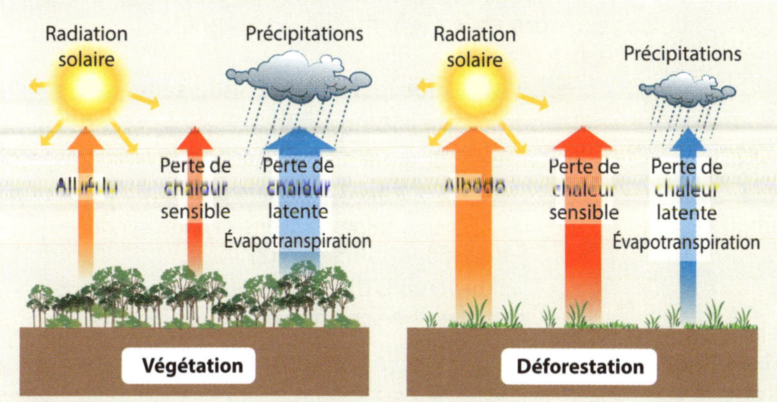

Dans les régions tropicales déforestées, l'albédo et la perte d'énergie thermique par le sol sont augmentés. De plus, l'évapotranspiration est réduite, ce qui diminue localement les précipitations.
La chaleur sensible modifie la température d'une matière, par opposition à la chaleur latente qui modifie l'état physique d'une matière (dans ce cas, passage de l'eau liquide à l'état gazeux).

Comprendre le document

L'albédo d'une surface sombre est inférieur à celui d'une surface claire.

Questions

En s'appuyant sur le **DOC. 4** et ses connaissances :

4 Définir l'expression « évapotranspiration des plantes ».

....

....

....

....

5 Rappeler la définition de l'albédo, puis montrer que la présence des forêts tropicales a plusieurs effets sur le climat.

....

....

....

....

....

....

Les conseils du prof !

Au brouillon, définissez les termes « évaporation » et « transpiration ».

Comparez la largeur des flèches de l'albédo, de la perte d'énergie thermique et de l'évapotranspiration entre les deux dessins du **DOC. 4**.

Par étapes

ÉTAPE 1 Comprendre les questions

- La question **1** fait appel à vos connaissances sur la photosynthèse.
- La question **2** est une comparaison des radiations absorbées par les pigments avec le spectre témoin.
- La question **3** s'appuie sur les termes de l'équation chimique et sur l'idée de conversion d'énergie par les pigments chlorophylliens.
- La question **5** nécessite une comparaison de l'albédo, de la perte d'énergie thermique par le sol et de l'évapotranspiration avec et sans forêt tropicale.

ÉTAPE 2 Exploiter les documents

- **DOC. 1** Quantifiez les parts d'énergie solaire réfléchie et transmise au travers d'un arbre.
- **DOC. 2** Précisez quelles radiations solaires sont absorbées par les pigments chlorophylliens.
- **DOC. 3** Montrez comment l'énergie lumineuse est convertie dans une feuille, en particulier en énergie chimique utilisée pour réaliser la photosynthèse.
- **DOC. 4** Repérez les effets de la déforestation sur la quantité d'énergie solaire réfléchie par le sol, la perte d'énergie thermique qui contribue au réchauffement de l'air et la libération d'eau par les plantes qui contribue à la formation des nuages.

ÉTAPE 3 Mobiliser ses connaissances

Les connaissances nécessaires à la résolution de cet exercice portent sur :

- l'albédo (➔ fiche de synthèse p. 110) ;
- les pigments chlorophylliens, la photosynthèse (➔ fiche de synthèse p. 112) ;
- les conversions d'énergie et les transformations chimiques (➔ fiche de synthèse p. 112).

Exercice 2 Numérisation d'un son et compression 10 pts 1 H → Corrigé p. 68

La numérisation et la compression sont aujourd'hui des étapes indispensables pour que les sons puissent être transportés et écoutés partout. Ces processus de numérisation et de compression sont également utilisés lors de l'enregistrement d'une chanson.

Partie 1 Numérisation d'un son

DOC. 1 Conversion analogique-numérique

Un son engendre des variations de pression de l'air qu'un microphone peut convertir en signal électrique analogique. Pour être utilisé dans un smartphone ou un ordinateur, il est indispensable de numériser ce signal.

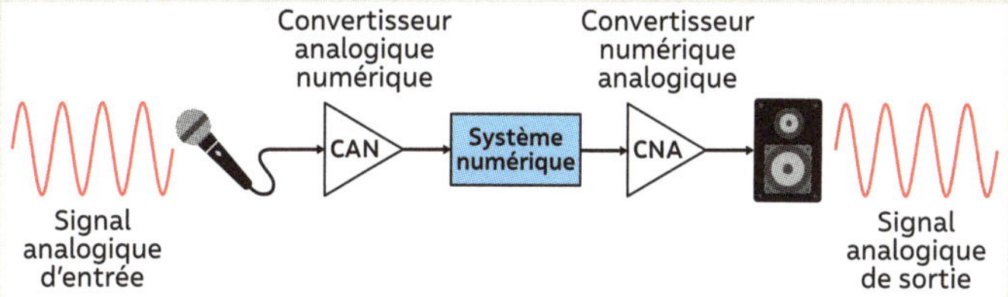

Un des paramètres à régler lors de la numérisation est la fréquence d'échantillonnage, qui doit être suffisamment grande. En effet, si elle est trop faible, les variations rapides du signal ne pourront pas être retranscrites.

D'après culturesciencesphysique.ens-lyon.fr

Comprendre le document

Vocabulaire :
La fréquence d'échantillonnage, en hertz (Hz), correspond au nombre de mesures effectuées par le convertisseur analogique-numérique par seconde.

DOC. 2 Exemples d'échantillonnage d'un même signal électrique pour deux fréquences d'échantillonnage différentes

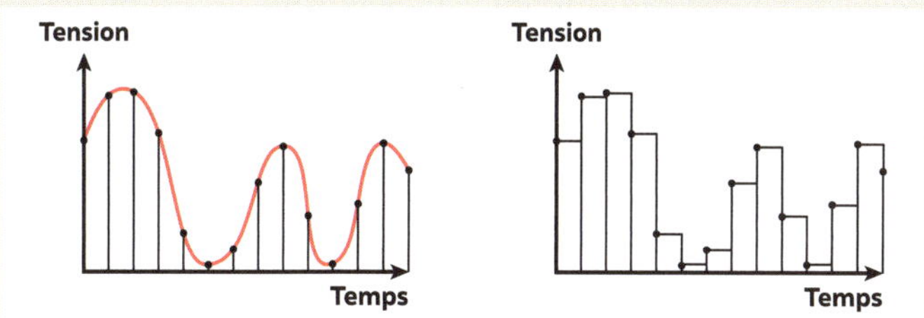

a.

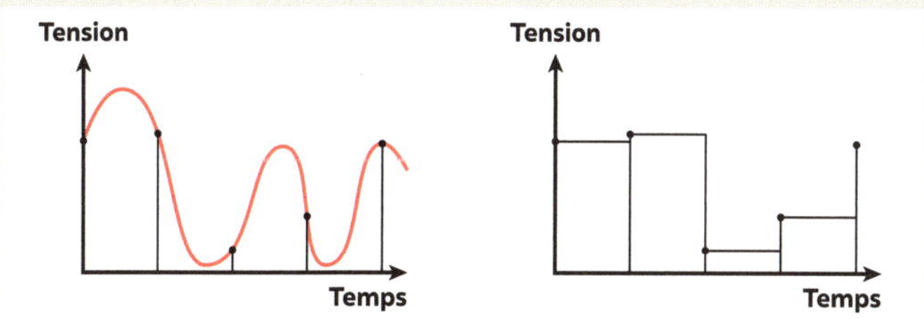

b.

Comprendre le document

Description des graphes :

- Ne confondez pas la fréquence d'échantillonnage f_e, en hertz (Hz), et la période d'échantillonnage T_e, en seconde (s) : $f_e = \frac{1}{T_e}$.
- La période d'échantillonnage T_e correspond à la durée entre deux mesures réalisées par un convertisseur analogique-numérique.

Questions

1 **Pour chacune des questions, cocher la (ou les) bonne(s) réponse(s).**

a. Un signal analogique est un signal :

- ☐ continu.
- ☐ discontinu.
- ☐ constitué de « 0 » et de « 1 ».
- ☐ pouvant prendre une infinité de valeurs.

b. Les techniques de compression spécifiques au son diminuant la taille d'un fichier numérique :

- ☐ permettent de convertir un signal analogique en un signal numérique.
- ☐ permettent de ne perdre aucune information par rapport au fichier original.
- ☐ éliminent forcément des informations par rapport au fichier original.
- ☐ éliminent des informations auxquelles l'oreille est très sensible.

2 **a. Indiquer quel échantillonnage a été effectué avec la plus petite fréquence d'échantillonnage dans le** DOC. 2**. Justifier la réponse.**

....

....

....

....

....

....

....

....

....

....

....

....

....

Les conseils du prof !

Rappelez-vous qu'un « bit » correspond à un « 0 » ou à un « 1 ».

Sachez que la qualité sonore d'un fichier numérique dépend notamment de la taille du fichier. Plus le fichier est « lourd », plus le fichier numérique peut avoir une bonne qualité sonore.

Comparez les périodes d'échantillonnage des deux signaux, puis utilisez la relation entre la période d'échantillonnage et la fréquence d'échantillonnage.

b. En se basant sur le DOC. 2, expliquer pourquoi la reproduction fidèle d'un signal analogique nécessite une fréquence d'échantillonnage au moins double de celle du son.

....
....
....
....
....
....
....
....
....
....
....
....
....
....

Les conseils du prof !

Cette question demande simplement d'expliquer pourquoi la fréquence d'échantillonnage doit être élevée. N'hésitez pas à recopier et à compléter certains graphes du DOC. 2 afin d'expliciter votre réponse.

Partie 2 Compression d'un son

DOC. 3 Compression dès l'enregistrement et le mixage d'une chanson

La compression consiste à diminuer la taille d'un fichier numérique afin de faciliter son stockage et sa transmission, mais on utilise ce même terme dès la phase d'enregistrement et de mixage d'une chanson. En effet, lorsqu'un chanteur chante le début d'une chanson, il commence à chanter doucement pour nous faire rentrer dans le morceau. Il faut alors augmenter le niveau d'intensité sonore pour bien l'entendre. Et puis vient le refrain qui est chanté plus fort. Ainsi, lors du mixage de la chanson dans le studio d'enregistrement, il faut atténuer le son au-delà d'un certain niveau d'intensité sonore, ce qui a pour conséquence de réduire l'écart entre les sons les plus faibles et les sons les plus forts.

D'après www.monter-son-home-studio.fr

Comprendre le document

Vocabulaire :

L'expression « chanter doucement » signifie que le niveau d'intensité sonore émis par le chanteur est faible, cela ne signifie pas que le chanteur chante lentement.

DOC. 4 **Enregistrement et mixage d'une chanson**

Comprendre le document

Description de la photo :
Cette photographie permet de montrer la complexité d'une table de mixage. En effet, lors de l'enregistrement d'une chanson, la plupart des sons sont retravaillés, ce qui explique que l'on n'a pas toujours l'impression d'entendre la même chanson lorsqu'on l'écoute à partir d'un enregistrement ou lorsqu'on l'entend lors d'un concert.

DOC. 5 **Fragilité du système auditif**

L'exposition à un bruit intense, si elle est prolongée ou répétée, peut provoquer des lésions graves du système auditif qui peuvent être irréversibles. Notre capacité à comprendre ce que les autres nous disent est liée à l'état de nos cellules ciliées. Or, ce sont les premiers éléments à être endommagés par une exposition trop importante au bruit. Les cellules ciliées endommagées ne sont pas remplacées ; leur perte est irréversible et responsable de troubles définitifs de l'audition.

L'oreille peut être endommagée bien avant que l'on ne ressente une quelconque douleur. Le seuil de danger pour l'oreille se situe à 90 décibels (dB), alors que le seuil de douleur lui se situe à 120 dB. Les atteintes de l'audition dépendent notamment du niveau d'intensité sonore, de la durée et de la fréquence de l'exposition, et peuvent prendre plusieurs formes :

– une surdité ou une perte auditive ;
– des acouphènes, c'est-à-dire des sifflements ou bourdonnements d'oreilles, entendus sans cesse, jour et nuit, sans aucun stimulus sonore extérieur ;
– une hyperacousie qui désigne une intolérance aux bruits, même les plus banals.

D'après l'INPES (Institut national de prévention et d'éducation pour la santé), inpes.santepubliquefrance.fr

Comprendre le document

Vocabulaire :
Le seuil de danger pour l'oreille se situe en dessous du seuil de douleur. Cela signifie qu'une personne peut avoir des atteintes de l'audition sans avoir ressenti de douleurs.

DOC. 6 **Intensité sonore et niveau d'intensité sonore**

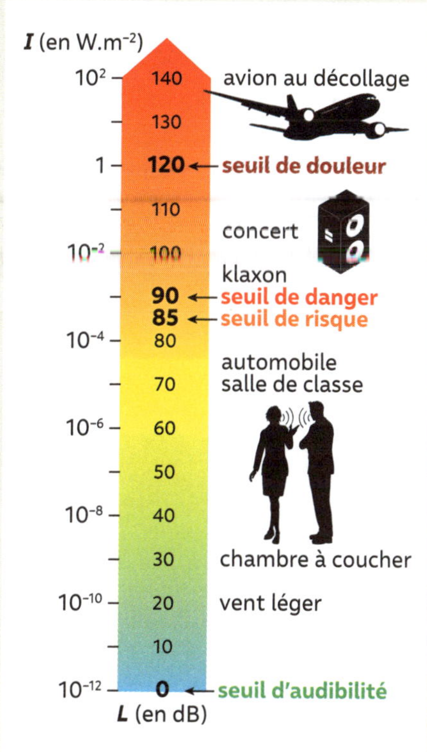

Comprendre le document

Description de la figure :
Ne confondez pas le niveau d'intensité sonore *L*, en décibel (dB), et l'intensité sonore *I*, en watt par mètre carré ($W \cdot m^{-2}$).

Questions

3 a. Indiquer la variation d'intensité sonore d'un son dont le niveau d'intensité sonore a diminué de 10 décibels (dB), puis expliquer pourquoi le niveau d'intensité sonore est exprimé en décibel selon une échelle logarithmique.

....

....

....

....

....

....

....

....

....

Les conseils du prof !

Distinguez l'échelle logarithmique, qui est une échelle dans laquelle deux graduations dont le rapport est égal à 10 sont à distance constante, et l'échelle linéaire, dans laquelle ce sont deux graduations dont la différence vaut 10 qui sont à distance constante.

b. Lors du mixage d'une chanson dans un studio d'enregistrement, le son est atténué au-delà d'un certain niveau d'intensité sonore.
En utilisant ses connaissances et les documents, rédiger un texte de quelques lignes indiquant, en justifiant, les conséquences sur la santé des auditeurs si cette étape d'atténuation du son n'était pas réalisée.

....

....

....

....

....

....

....

....

....

....

Les conseils du prof !

La réponse à cette question demande la rédaction d'un texte de plusieurs lignes. La rédaction du texte doit être soignée, car cette compétence est évaluée au même titre que les connaissances scientifiques.

Par étapes

ÉTAPE 1 Comprendre les questions

- La question **1** est posée sous forme de QCM. Elle fait appel à vos connaissances.
- La question **2** demande une étude approfondie du **DOC. 2**.
- La bonne compréhension du **DOC. 3**, du **DOC. 5** et du **DOC. 6** est essentielle à la résolution de la question **3**.

ÉTAPE 2 Exploiter les documents

- **DOC. 1** Ce document peut être lu comme une introduction de l'exercice. En effet, aucune information essentielle n'est donnée, mais il permet de rappeler les concepts travaillés dans cet exercice.
- **DOC. 2** Considérez que les signaux sont périodiques pour pouvoir comparer des périodes.
- **DOC. 3** et **DOC. 4** Comprenez l'intérêt de la compression du son lors de l'enregistrement et du mixage d'une chanson grâce à ces deux documents.
- **DOC. 5** Repérez les organes qui peuvent être endommagés à cause d'une exposition trop importante au bruit, ainsi que les atteintes de l'audition qui en découlent.
- **DOC. 6** Relevez les valeurs d'intensité sonore I correspondant à certaines valeurs de niveau d'intensité sonore L.

ÉTAPE 3 Mettre en relation les documents

- Le **DOC. 1** et le **DOC. 2** permettent d'étudier le concept de fréquence d'échantillonnage d'un signal.
- Les **DOC. 3** à **DOC. 6** concernent le niveau d'intensité sonore d'un son.

ÉTAPE 4 Mobiliser ses connaissances

Les connaissances nécessaires à la résolution de cet exercice portent sur :
– le son, une information à coder (➔ fiche de synthèse p. 121) ;
– entendre la musique (➔ fiche de synthèse p. 122).

Exercice 1 → p. 56

Je comprends les corrigés

1 Énergie solaire absorbée = Énergie incidente – (Énergie réfléchie + Énergie transmise).

Énergie solaire absorbée = 100 – 30 = 70.

La part d'énergie solaire absorbée est de 70 %. Cette énergie est utilisée par l'arbre pour réaliser la photosynthèse, c'est-à-dire la production de matière végétale à partir de l'énergie solaire. L'énergie solaire est aussi utilisée comme source d'énergie thermique pour réchauffer l'arbre.

> Posez le calcul littéral avant d'effectuer le calcul numérique.

2 Les longueurs d'onde absorbées par les pigments chlorophylliens se situent entre 400 et 500 nm d'une part et entre 640 et 680 nm d'autre part. Cela correspond respectivement aux radiations de couleurs bleu-violet d'une part et rouge d'autre part.

> La correspondance entre les longueurs d'onde et les couleurs des radiations doit être clairement énoncée.

3 La photosynthèse est un processus de transformation chimique de CO_2 et d'H_2O en sucre. Cette transformation nécessite de l'énergie chimique qui provient de la conversion d'énergie solaire. Cette conversion est réalisée par les pigments chlorophylliens qui absorbent majoritairement les radiations bleues et rouges pour effectuer cette conversion énergétique. La photosynthèse n'utilise que 2 000 J sur les 200 000 J d'énergie solaire reçue.

Cela représente $\frac{2\,000}{200\,000} \times 100 = 1$ % de l'énergie solaire reçue par une feuille.

> Le lien entre la définition de la photosynthèse et le calcul est établi grâce à l'idée de conversion énergétique.

4 Les plantes transpirent, c'est-à-dire qu'elles perdent de l'eau par leurs feuilles. À la surface des feuilles, l'eau s'évapore : elle passe de l'état liquide à l'état de gaz.
L'évapotranspiration est donc la quantité d'eau évaporée par les plantes qui transpirent.

> La définition d'une expression passe par la définition de tous les termes qui la composent.

5 L'albédo est la fraction d'énergie solaire réfléchie par la surface de la Terre.
La présence de forêts tropicales sur le sol terrestre a trois effets sur le climat régional :
– une diminution de l'albédo, donc une diminution de l'énergie solaire réfléchie ;
– une diminution des pertes de chaleur sensible, donc un refroidissement de l'atmosphère ;
– une augmentation de l'évapotranspiration, donc une augmentation des précipitations.

> L'utilisation répétée de la conjonction « donc » accentue la relation entre la présence des forêts et les multiples conséquences sur le climat régional.

Exercice 2 → p. 61

Je comprends les corrigés

1 a. Un signal analogique est un signal continu et pouvant prendre une infinité de valeurs.

> Un signal discontinu constitué de « 0 » et de « 1 » est un signal numérique.

b. Les techniques de compression spécifiques au son diminuant la taille d'un fichier numérique éliminent forcément des informations par rapport au fichier original.

> Les techniques de compression éliminent des informations auxquelles l'oreille est peu sensible.

2 a. La période d'échantillonnage, c'est-à-dire la durée entre deux mesures, est plus grande dans le deuxième échantillonnage que dans le premier échantillonnage.
Comme la fréquence d'échantillonnage f_e, en hertz (Hz), et la période d'échantillonnage T_e, en seconde (s), sont liées par la relation $f_e = \frac{1}{T_e}$, la fréquence d'échantillonnage, c'est-à-dire le nombre de mesures par seconde, est plus petite dans le deuxième échantillonnage que dans le premier échantillonnage.
Ainsi, l'échantillonnage qui a été effectué avec la plus petite fréquence d'échantillonnage dans le DOC. 2 est l'échantillonnage b.

> Notez absolument la relation $f_e = \frac{1}{T_e}$ pour obtenir tous les points liés à la justification de cette réponse. En effet, les justifications doivent être associées dès que possible à des relations mathématiques.

b. Dans le DOC. 2, si on relie horizontalement entre eux les points noirs des signaux numériques, on observe que le signal numérique du premier échantillonnage est assez fidèle au signal analogique, alors que celui du deuxième échantillonnage n'est pas fidèle.

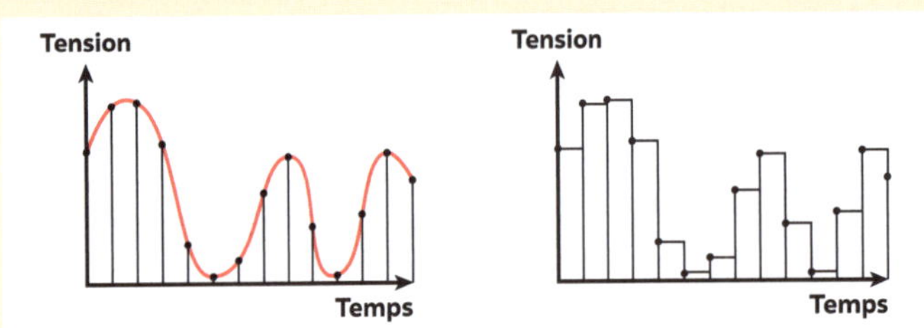

a.

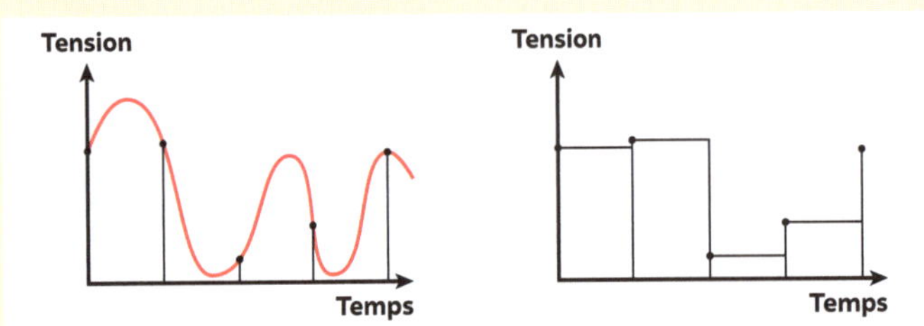

b.

> Le signal analogique est en rouge dans les graphes ci-contre, tandis que les signaux numériques sont en noir. Pour montrer la fidélité du signal numérique par rapport au signal analogique, des représentations graphiques sont bienvenues, car elles sont souvent plus simples à comprendre que de longues phrases.

Or, si on considère le signal analogique comme un signal périodique, on peut estimer que la fréquence d'échantillonnage du premier échantillonnage est environ 4 fois plus grande que celle du son, alors que la fréquence d'échantillonnage du deuxième échantillonnage est environ égale à celle du son.
Cela confirme bien l'affirmation donnée dans l'énoncé de cette question : la reproduction fidèle d'un signal analogique nécessite une fréquence d'échantillonnage élevée, au moins double de celle du son.

La résolution de cette question nécessite de faire une approximation, à savoir de considérer que le signal analogique est un signal périodique. Sinon, il n'est pas possible de se baser sur le DOC. 2 pour répondre, alors que c'est explicitement demandé dans l'énoncé de la question.

3 **a.** D'après le DOC. 6, si le niveau d'intensité sonore d'un son a diminué de 10 décibels (dB), son intensité sonore a été divisée par 10.
De même, si le niveau d'intensité sonore d'un son a diminué de 10 + 10 = 20 décibels (dB), son intensité sonore a été divisée par 10 × 10 = 100.
Le niveau d'intensité sonore est exprimé en décibel selon une échelle logarithmique, car les graduations de cette échelle sont telles que le rapport entre deux graduations à distance constante est égal à 10.

L'intensité sonore est quant à elle exprimée selon une échelle linéaire, car les graduations de cette échelle sont telles que la différence entre deux graduations à distance constante est égale à 10.

b. Lors du mixage d'une chanson dans un studio d'enregistrement, le son est atténué au-delà d'un certain niveau d'intensité sonore. En effet, si cette étape d'atténuation du son n'était pas réalisée, le niveau d'intensité sonore de la chanson pourrait dépasser le seuil de danger (90 dB). Cette exposition à un bruit intense, si elle était prolongée ou répétée, pourrait alors endommager les cellules ciliées très fragiles, qui sont indispensables à l'audition. Cela pourrait provoquer des lésions graves du système auditif, par exemple une surdité ou une perte auditive, irréversibles ou non, des acouphènes ou une hyperacousie.

- Cette réponse nécessite plusieurs lignes de réponse. Utilisez des locutions comme « en effet » pour relier les différentes phrases entre elles.
- N'hésitez pas à reprendre les informations données dans le DOC. 5 pour illustrer votre réponse, sans oublier de parler de la fragilité des cellules ciliées ou des cils vibratiles.

SUJET 5

20 pts — 2 H

La calculatrice est autorisée.

EXERCICE 1 Des noyaux de carbone pour dater les peintures rupestres

10 pts — 1 H

Partie 1 Origine du carbone radioactif présent dans les peintures préhistoriques

Partie 2 Datation d'un objet à partir du radio-carbone

Compétences travaillées :
- exploiter des documents ;
- rédiger une argumentation scientifique.

EXERCICE 2 De l'énergie solaire dans nos assiettes

10 pts — 1 H

Partie 1 Énergie solaire et production primaire

Partie 2 De l'énergie solaire à l'énergie dans nos aliments

Compétences travaillées :
- exploiter des documents ;
- effectuer des calculs ;
- rédiger une argumentation scientifique.

Exercice 1 Des noyaux de carbone pour dater les peintures rupestres

10 pts 1 H → Corrigé p. 84

Plusieurs techniques sont utilisées pour dater les réalisations d'ancêtres préhistoriques de l'Homme. Une de ces techniques fait appel à l'utilisation d'éléments chimiques radioactifs.

Partie 1 Origine du carbone radioactif présent dans les peintures préhistoriques

DOC. 1 Les peintures rupestres de la grotte Chauvet

La peinture rupestre fait appel à deux pigments : noir et ocre. Le noir est constitué soit par du charbon de bois (genévrier ou pin) ou plus rarement d'os, soit par de l'oxyde de manganèse (grotte de Lascaux). Les ocres sont des argiles dont la teinte naturelle varie du rouge au brun-jaune en fonction de leur teneur en oxyde de fer (hématite, limonite), mais peut également être modifiée par chauffage. Seuls le charbon de bois et les os contiennent du carbone.
Les datations initiales au radio-carbone (^{14}C) ont révélé que les nombreuses peintures et gravures riches et complexes de la grotte Chauvet, dont 447 représentations d'animaux, dataient d'il y a plus de 30 000 ans, soit 10 000 ans de plus que ce qui avait été déduit du style artistique. Les datations ont été réalisées à partir du charbon de bois utilisé dans les peintures.

Comprendre le document

Le carbone n'est pas un atome présent dans toutes les matières.

DOC. 2 **Le cycle du radio-carbone**

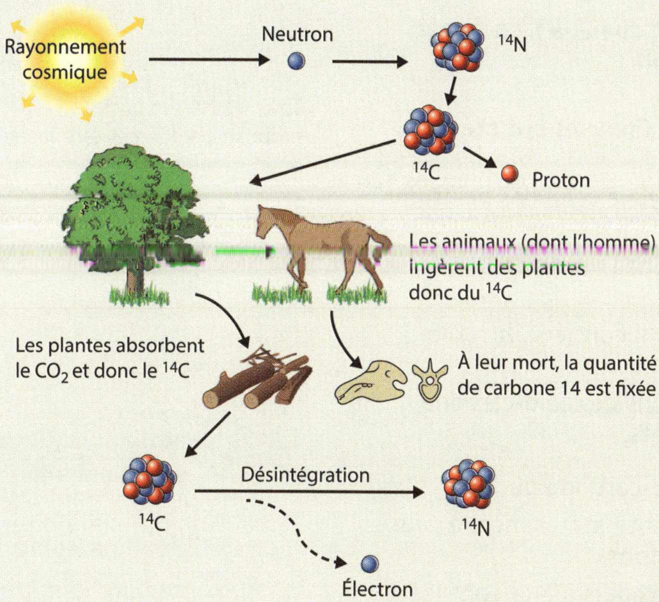

Dans la haute atmosphère, les rayons cosmiques de haute énergie transforment les atomes d'azote (^{14}N) en ^{14}C, un élément radioactif qui se désintègre à nouveau en ^{14}N avec une période de demi-vie de 5 568 ans (temps requis pour que la moitié du ^{14}C initial disparaisse).

Ce $^{14}CO_2$ passe en continu dans les animaux et les plantes pendant toute leur vie, de sorte que la proportion de ^{14}C est constante dans tous les êtres vivants et commence à décroître à partir de leur mort, lorsqu'il n'y a plus d'échange avec l'extérieur.

Vers 1950, W. F. Libby, un physicien américain, en a déduit une possibilité de déterminer la date de la mort de l'organisme en mesurant la proportion de ^{14}C qui est toujours présente dans des restes d'animaux ou de végétaux longtemps après leur mort.

D'après *À la recherche du temps perdu. Méthodes de datations en art préhistorique : l'exemple des sites aurignaciens*, G. Sauvet

Comprendre le document

La désintégration du ^{14}C contenu dans des restes d'êtres vivants sert d'« horloge géologique ».

Questions

À partir de ses connaissances, du **DOC. 1** et du **DOC. 2**, cocher la bonne proposition pour chaque affirmation.

Les conseils du prof !

Tous les éléments de la proposition doivent être justes pour la valider.

1 **a.** **Les peintures rupestres de la grotte Chauvet ont été datées :**

- ☐ uniquement en comparant leur style à celui des peintures de la grotte de Lascaux.
- ☐ à partir du ^{14}C résiduel contenu dans l'oxyde de manganèse, un pigment noir.
- ☐ en utilisant le charbon de bois, car il contient du radio-carbone.
- ☐ de 10 000 ans grâce aux proportions de radio-carbone présentes dans les différents pigments.

b. **Le radio-carbone, appelé aussi radio-carbone ou ^{14}C :**

- ☐ se forme naturellement dans la haute atmosphère à cause du bombardement cosmique de protons.
- ☐ n'est présent que chez les végétaux puisque ce sont les seuls à réaliser la photosynthèse.
- ☐ se transforme naturellement en ^{14}N par désintégration.
- ☐ continue de pénétrer dans les organismes après leur mort.

Partie 2 Datation d'un objet à partir du radio-carbone

DOC. 3 **Demi-vie de désintégration du ^{14}C**

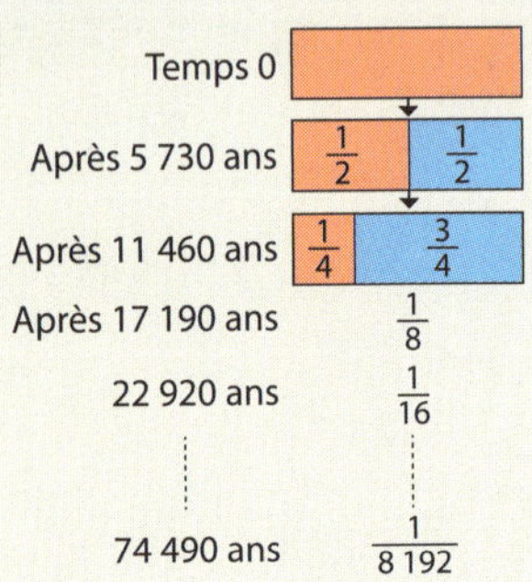

Au temps 0, on a 100 % de ^{14}C (barre rose). Après 5 730 ans (la demi-vie de la désintégration), la moitié du ^{14}C est désintégrée. Après à nouveau 5 730 ans (11 460 ans au total), la moitié de la moitié est désintégrée ; il reste le quart du ^{14}C originel. Après à nouveau 5 730 ans, il en reste 1/8... et ainsi de suite.
Après 74 490 ans, il reste 1/8 192 (= 0,000 122) du ^{14}C originel. C'est peu, d'autant plus qu'au départ, la quantité de ^{14}C était déjà faible. Analyser une si faible quantité devient très difficile.
En pratique donc, le ^{14}C est utile pour dater des objets qui ne sont pas plus vieux que 75 000 ans.

Comprendre le document

La quantité de ^{14}C est divisée par 2 tous les 5 730 ans.

DOC. 4 **Datation des objets grâce au ^{14}C**

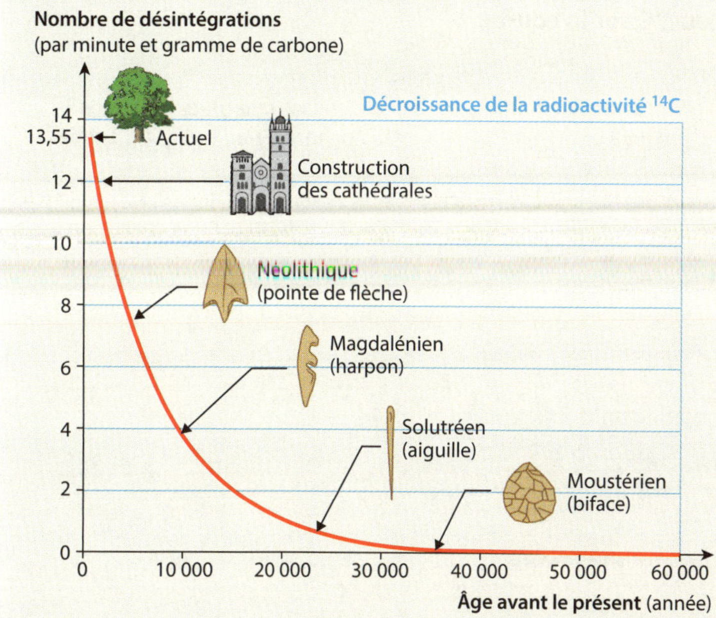

En radiochronologie, les objets sont datés en années « avant le présent ». Le présent de référence utilisé est 1950, année choisie par les scientifiques comme référence. Cette méthode de datation comporte une marge d'erreur d'environ 100 ans pour les objets âgés de 10 000 à 30 000 ans.

Comprendre le document

Solutréen, Moustérien, etc. sont des cultures préhistorique datées.

Questions

À partir de ses connaissances et des documents :

2 Définir ce qu'est la demi-vie d'un noyau radioactif de ^{14}C.

....

....

....

....

....

....

....

....

Les conseils du prof !

Une demi-vie est une durée.

Les conseils du prof !

3 **Sur le papier millimétré ci-dessous, construire une courbe représentant la quantité de ^{14}C en fonction du temps en milliers d'années. Repérer la demi-vie du ^{14}C sur la courbe.**

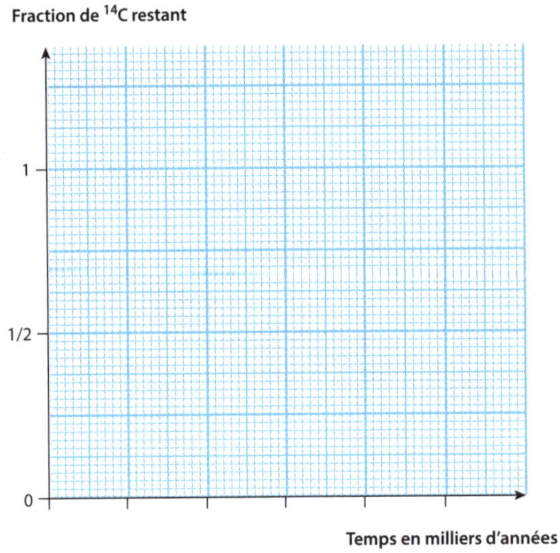

Utilisez une unité de temps quantifiée en milliers d'années.

4 Un chercheur prétend que les peintures rupestres des grottes de Chauvet et de Lascaux sont datées de la même époque correspondant au Néolithique. Des échantillons de charbon de bois sont prélevés dans les deux grottes. Dans un échantillon de bois issu d'un prélèvement effectué dans la grotte de Lascaux, la vitesse de désintégration du ^{14}C est de 2 désintégrations par minute et par gramme de carbone, alors que dans un échantillon de charbon de bois de la grotte Chauvet, la vitesse de désintégration du ^{14}C est de 0,5 désintégration par minute et par gramme de carbone.
Montrer que les peintures rupestres étudiées n'ont pas le même âge et qu'elles n'ont pas été réalisées au Néolithique, en précisant la démarche utilisée.

Décrivez pas à pas les opérations graphiques que vous avez réalisées pour déterminer les âges des échantillons.

....

....

....

....

....

....

....

....

....

....

Par étapes

ÉTAPE 1 Comprendre les questions

- Les propositions **a** et **b** de la question **1** doivent être testées à la lecture du **DOC. 1** et du **DOC. 2**.
- La question **2** nécessite une définition générale de la notion de demi-vie illustrée par l'exemple du ^{14}C.
- La question **3** implique un positionnement des points correspondant à des fractions de 1, 1/2, 1/4, 1/8 et 1/16 de ^{14}C résiduel en veillant à choisir une unité cohérente pour l'axe des abscisses.
- La question **4** doit permettre de reporter les valeurs de désintégration du ^{14}C sur la courbe pour déterminer l'âge des échantillons.

ÉTAPE 2 Comprendre les documents

- **DOC. 1** Relevez les âges de certaines peintures découvertes dans la grotte Chauvet et les matériaux utilisés pour ces peintures.
- **DOC. 2** Montrez comment le ^{14}C est généré, intégré dans les organismes, puis finalement désintégré.
- **DOC. 3** Déterminez à quelle vitesse le ^{14}C est désintégré.
- **DOC. 4** Repérez le rapport entre l'âge des objets datés et la quantité de ^{14}C restant dans ces objets.

ÉTAPE 3 Mobiliser ses connaissances

Les connaissances nécessaires à la résolution de cet exercice portent sur :

- la radioactivité, le noyau, les désintégrations et la demi-vie (➔ fiche de synthèse p. 104) ;
- le repérage des coordonnées d'un point (➔ fiche méthode p. 116) ;
- le flux de matière dans une chaîne alimentaire (➔ fiche de synthèse p. 112).

Exercice 2 De l'énergie solaire dans nos assiettes

10 pts 1 H → Corrigé p. 85

Dans la plupart des agrosystèmes, le Soleil est la source d'énergie initiale. La croissance des plantes cultivées par l'Homme, puis celle des animaux d'élevage qui consomment ces plantes dépendent finalement de l'énergie solaire.

Partie 1 Énergie solaire et production primaire

DOC. 1 Absorption des radiations solaires par l'atmosphère

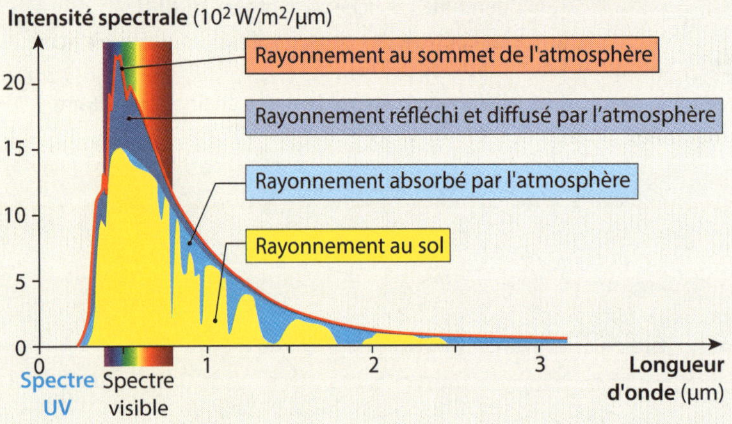

Spectres du rayonnement solaire moyen incident au sommet de l'atmosphère (courbe rouge) et à la surface de la Terre (jaune)

La fraction du rayonnement solaire absorbée dans l'atmosphère est en bleu, celle qui est réfléchie et diffusée en violet. Les végétaux chlorophylliens utilisent environ 1 % du rayonnement qui parvient au sol pour réaliser la photosynthèse.

Comprendre le document

L'intensité spectrale est une puissance (des watts) par unité de surface (le m²) et par longueur d'onde (en μm).

DOC. 2 Productivité mondiale de la photosynthèse sur les continents

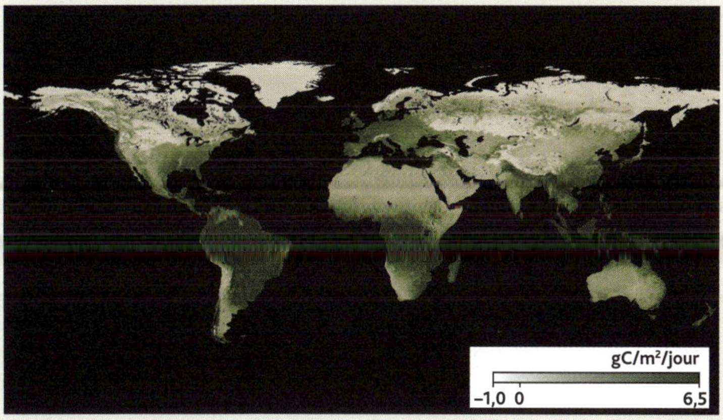

Source : neo.sci.gsfc.nasa.gov

Productivité primaire nette planétaire de novembre 2016 (image de la NASA)

La productivité primaire nette correspond à l'énergie solaire utilisée lors de la photosynthèse des plantes pour produire de la matière (biomasse).
Les couleurs sur cette carte indiquent à quelle vitesse le carbone a été absorbé par mètre carré de terrain pendant la période indiquée. Les valeurs vont de – 1,0 gramme de carbone par mètre carré et par jour (brun) à 6,5 grammes par mètre carré et par jour (vert foncé).
Une valeur négative signifie que la décomposition ou la respiration dépasse l'absorption de carbone par la photosynthèse : par conséquent, il y a eu plus de carbone libéré dans l'atmosphère que de carbone absorbé par les plantes.

Comprendre le document

La respiration consomme de la matière organique, alors que la photosynthèse en produit.

Questions

En s'appuyant sur les documents et sur ses connaissances :

1. Calculer l'intensité spectrale du rayonnement réfléchi et diffusé par l'atmosphère pour une longueur d'onde de 3 µm, puis calculer l'intensité spectrale utilisée par la photosynthèse (démarche à expliquer).

2. Proposer une hypothèse pour expliquer la localisation de la productivité primaire la plus forte.

Les conseils du prof !

Tirez un trait vertical qui a pour origine la valeur 3 µm sur l'axe des abscisses.

La productivité primaire des plantes est maximale quand la croissance des plantes est maximale.

Partie 2 De l'énergie solaire à l'énergie dans nos aliments

DOC. 3 Transferts d'énergie dans un agrosystème

Éléments de la chaîne alimentaire	Quantité d'énergie (en $kJ/m^2/an$)
Énergie solaire reçue par les producteurs primaires	87 000
Producteurs primaires (luzerne)	14 000
Consommateurs primaires (vache)	1 600
Consommateurs secondaires (Homme)	90

Dans une chaîne alimentaire (de l'énergie solaire jusqu'à l'Homme), le transfert d'énergie d'un maillon à l'autre est accompagné de pertes importantes. Les végétaux (la luzerne, par exemple) n'utilisent qu'une partie de l'énergie solaire pour produire la matière végétale. Les consommateurs utilisent une partie de l'énergie pour produire leur propre matière, mais aussi pour réaliser d'autres activités (reproduction, mouvements…).

Comprendre le document

Des producteurs primaires à l'Homme, l'énergie est transférée grâce à la matière organique consommée dans la chaîne alimentaire.

DOC. 4 Données quantitatives sur l'apport énergétique d'aliments

NOS INFORMATIONS NUTRITIONNELLES

	Pour 100 g	Par portion de 30 g
ÉNERGIE	1 588 kJ 375 kcal	476 kJ 113 kcal
MATIÈRE GRASSES dont acides gras saturés	1,5 g 0,3 g	0,5 g 0,1 g
GLUCIDES dont sucres	79 g 15 g	24 g 4,5 g
FIBRES ALIMENTAIRES	4,5 g	1,4 g
PROTÉINES	9 g	2,7 g
SEL	1 g	0,3 g

Valeur énergétique des aliments

Glucides	Lipides	Protéines
17 kJ/g	37 kJ/g	17 kJ/g

Source : www.kelloggs.fr

L'énergie contenue dans les aliments est une forme d'énergie chimique que l'on peut mesurer [...]. En laboratoire, les mesures sont réalisées grâce à un appareil appelé bombe calorimétrique. [On prélève] un petit échantillon sec d'aliment, par exemple un gramme. L'échantillon est placé dans un récipient en acier très résistant (appelé « bombe ») rempli d'oxygène pur sous pression. L'échantillon est enflammé électriquement et sa combustion produit de la chaleur. Cette chaleur est ensuite évacuée, et sa température peut être mesurée avec précision à l'aide d'un thermomètre extrêmement sensible. L'augmentation de la température de l'eau permet de calculer l'énergie contenue dans un gramme d'aliment, exprimée en kJ/g.

L'alimentation des ruminants, Maisonneuve et Larose, 1996

Comprendre le document

Matières grasses = lipides
Protéines = protides

Questions

En utilisant les données des documents et ses connaissances :

3 Dessiner une pyramide de transfert d'énergie selon le modèle ci-dessous sachant que les longueurs des différents niveaux de la pyramide doivent respecter les proportions d'énergie.

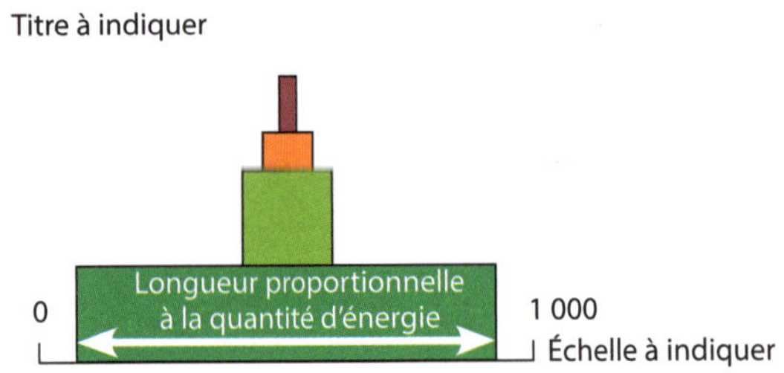

4 Calculer la quantité d'énergie apportée par 1,5 g de lipides + 79 g de glucides + 4,5 g de protides contenus dans 100 g de céréales. Comparer cette valeur avec celle de l'étiquette du DOC. 4 pour 100 g de céréales, puis expliquer la différence.

....

....

....

....

....

....

....

....

....

Les conseils du prof !

Choisissez une longueur de base de pyramide la plus grande possible pour le premier niveau, puis divisez la quantité d'énergie solaire reçue par cette longueur et vous obtiendrez votre échelle.

N'oubliez pas d'utiliser des parenthèses dans vos calculs.

5 Justifier l'affirmation suivante : « L'énergie que l'Homme tire de ses aliments provient du Soleil. »

Vous devez rapporter une information-clé de chaque document pour construire votre justification.

Par étapes

ÉTAPE 1 Comprendre les questions

- La question **1** nécessite un calcul de différence entre l'intensité spectrale du rayonnement au sommet de l'atmosphère et l'intensité spectrale du rayonnement qui atteint le sol.
- La question **2** implique une description de la localisation mondiale de la productivité primaire et son explication.
- La question **3** doit conduire à schématiser une pyramide à 4 niveaux dont la base représente l'énergie solaire reçue.
- La question **4** fait appel à votre réflexion et vos connaissances sur le transfert de l'énergie solaire depuis le Soleil jusqu'aux aliments.

ÉTAPE 2 Exploiter les documents

- **DOC. 1** Identifiez ce qu'est l'intensité spectrale.
- **DOC. 2** Repérez les régions du monde où la productivité primaire est la plus forte en utilisant vos connaissances sur les parallèles terrestres remarquables (tropiques, équateur…), puis utilisez vos connaissances sur le climat de ces régions.
- **DOC. 3** Estimez les pertes d'énergie d'un niveau à l'autre de la chaîne alimentaire.
- **DOC. 4** Déterminez la quantité d'énergie chimique libérée par les aliments.

ÉTAPE 3 Mobiliser ses connaissances

Les connaissances nécessaires à la résolution de cet exercice portent sur :

- la photosynthèse, la biomasse, la productivité primaire et l'énergie chimique des aliments (➔ fiche de synthèse p. 112) ;
- les grandeurs et les unités utilisées pour quantifier l'énergie (➔ annexe p. 138) ;
- le calcul d'échelles et les conversions d'unités (➔ annexes p. 136 et 139).

Je comprends les corrigés

Exercice 1 → p. 72

1 a. Les peintures rupestres de la grotte Chauvet ont été datées : en utilisant le charbon de bois, car il contient du radio-carbone.

b. Le radio-carbone, appelé aussi radio-carbone ou ^{14}C : se transforme naturellement en ^{14}N par désintégration.

Seuls les restes d'êtres vivants contiennent du ^{14}C.

2 La demi-vie d'un noyau radioactif est le temps nécessaire pour que la moitié des noyaux présents soit désintégrée. Ce temps est une constante propre à chaque noyau radioactif.
Pour le ^{14}C, la demi-vie est de 5 730 ans.

Le nombre de noyaux radioactifs diminue au cours du temps, mais la demi-vie reste constante.

3

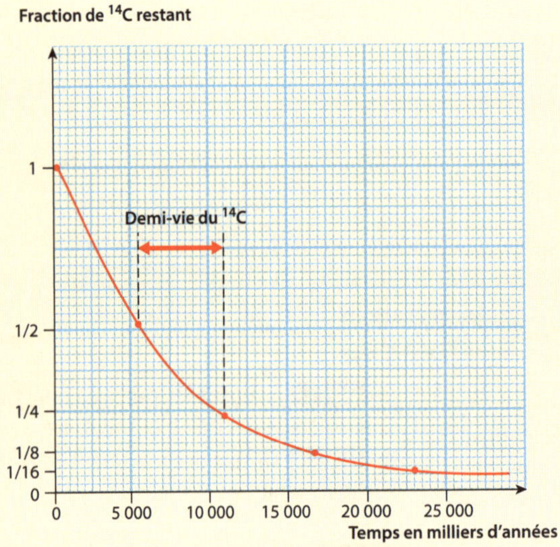

L'unité de l'axe des ordonnées (ici 8 cm) est divisée par 2 à chaque fraction de ^{14}C qui se désintègre.

Expliquer une démarche, c'est décrire le chemin suivi, les opérations réalisées, le raisonnement utilisé.

4 En reportant la valeur d'une désintégration par minute et par gramme de carbone sur l'axe des ordonnées du graphique, on constate que le point de la courbe correspondant a une abscisse de 22 000 ans environ. Pour une valeur de 2 désintégrations par minute et par gramme de carbone, on obtient une abscisse de 17 000 ans environ.

Or, la marge d'erreur de la méthode de datation par radio-carbone est d'environ 100 ans. Ainsi, les âges trouvés pour les deux objets sont significativement différents. Donc, les peintures de la grotte de Lascaux et de la grotte Chauvet n'ont pas été réalisées à la même époque.

De plus, le Néolithique correspond à une période plus récente (moins de 10 000 ans) que celles des peintures des deux grottes (17 000 et 23 000 ans). Donc, les peintures ne peuvent pas dater du Néolithique.

Exercice 2 → p. 78

1 L'intensité spectrale du rayonnement réfléchi et diffusé par l'atmosphère est égale à la différence entre l'intensité spectrale du rayonnement au sommet de l'atmosphère et l'intensité spectrale du rayonnement qui atteint le sol. Pour une longueur d'onde de 3 µm, cette différence est de 700 W/m²/µm.

L'intensité spectrale utilisée par la photosynthèse représente 1 % de l'intensité reçue au sol, soit 1 % de 1 500 W/m²/µm, c'est-à-dire 15 W/m²/µm.

> En tirant un trait vertical à partir de la valeur 3 µm de l'axe des abscisses, on peut plus facilement lire les valeurs recherchées.

2 La productivité primaire la plus forte se situe dans la zone intertropicale, c'est-à-dire entre les tropiques du Cancer et du Capricorne. Or, c'est à ces latitudes que les conditions climatiques sont les plus constantes sur Terre : durée de jour de 12 heures, humidité et température élevées presque toute l'année. On peut supposer que ce sont ces conditions qui favorisent la photosynthèse et la croissance des végétaux, donc la productivité primaire.

> La photosynthèse nécessite de la lumière et de l'eau. Comme tout processus chimique, elle est favorisée lorsque la température augmente.

3

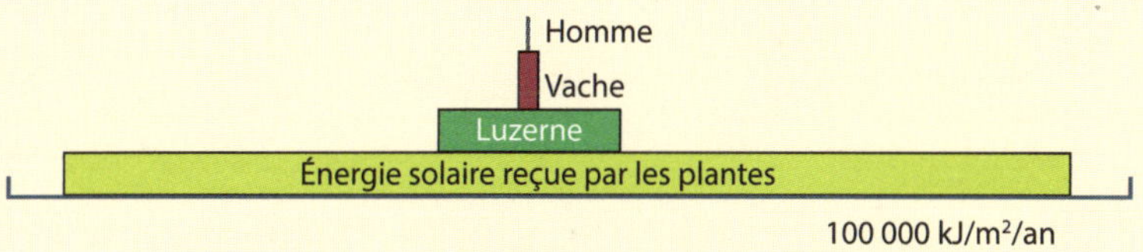

Pyramide des transferts d'énergie dans un agrosystème

> Le dernier étage de la pyramide représentant l'Homme est un simple trait, car l'échelle utilisée ne permet pas de dessiner son épaisseur.

4 La quantité d'énergie apportée par 1,5 g de lipides + 79 g de glucides + 4,5 g de protides équivaut à 1,5 × 37 + 79 × 17 + 4,5 × 17 = 1 475. Donc, la quantité d'énergie apportée par cette ration est de 1 475 kJ. Or, la quantité d'énergie apportée par 100 g de céréales annoncée est de 1 588 kJ. Il y a donc une différence d'énergie de 113 kJ entre la quantité annoncée pour 100 g de céréales et celle calculée à partir des apports en lipides, protides et glucides. On peut supposer que les fibres alimentaires contenues dans les céréales apportent cette différence d'énergie.

> La quantité d'énergie apportée par 100 g d'aliments est théoriquement égale à la somme des quantités d'énergie apportées par chacun des constituants.

5 Seul 1 % de l'énergie solaire est utilisé par la photosynthèse des plantes (DOC. 1). Cette énergie sert à produire de la biomasse végétale (DOC. 2). L'énergie est transférée des végétaux à la vache, puis à l'Homme (DOC. 3). L'énergie contenue dans les aliments est portée par des molécules de lipides, protides et glucides (DOC. 4). Donc, l'énergie tirée des aliments d'origine végétale ou animale provient bien de l'énergie solaire.

> La référence faite à chaque document permet de montrer au correcteur que vous les avez tous utilisés pour votre synthèse.

SUJET 6

20 pts 2 H

La calculatrice n'est pas autorisée.

EXERCICE 1 Des membranes cellulaires vibrantes 10 pts 1 H

Partie 1 **Structure et composition d'une membrane**

Partie 2 **Rôle de la membrane des cellules de l'oreille interne**

Compétences travaillées :
– exploiter des documents ;
– rédiger une argumentation scientifique

EXERCICE 2 Puissance solaire reçue sur Terre 10 pts 1 H

Partie 1 **Paramètres dont dépend la puissance solaire reçue sur Terre**

Partie 2 **Effets de la puissance solaire reçue sur Terre**

Compétences travaillées :
– exploiter des documents ;
– rédiger une argumentation scientifique.

Exercice 1 Des membranes cellulaires vibrantes

10 pts 1 H → Corrigé p. 100

Les cellules vivantes sont limitées par une membrane souple qui ondule sans cesse et dont les constituants sont très mobiles. Dans le cas des cellules spécialisées, la membrane joue un rôle déterminant dans la fonction de ces cellules.

Partie 1 Structure et composition d'une membrane

DOC. 1 Les membranes dans une cellule

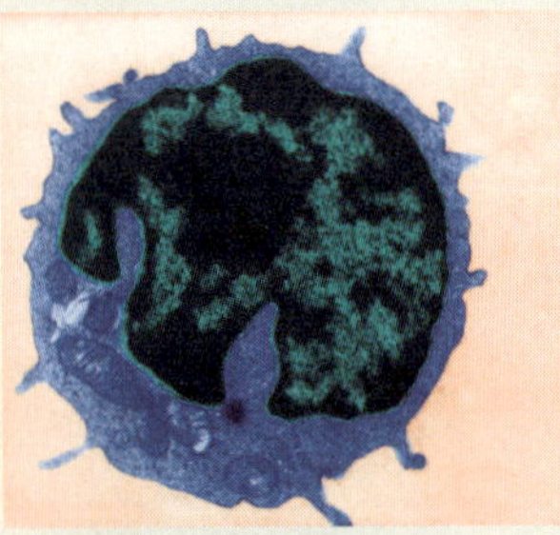

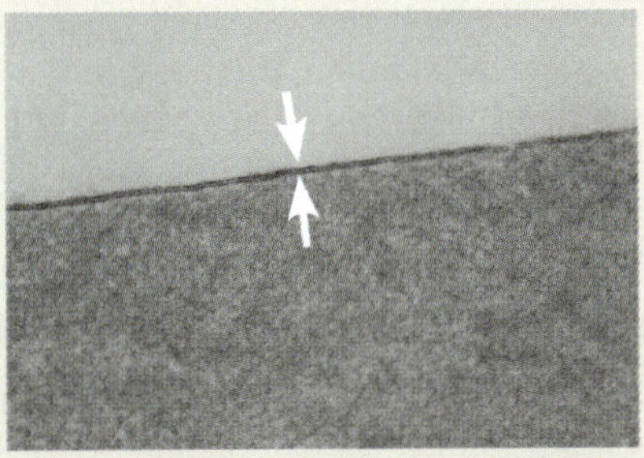

À gauche, une cellule sanguine et à droite, le détail de la membrane plasmique de la cellule (images obtenues en microscopie électronique à transmission)

Dans une cellule eucaryote (qui possède un vrai noyau), on distingue plusieurs membranes ayant chacune un rôle spécifique. La membrane plasmique qui entoure la cellule sert de limite et de zone d'échange entre le cytoplasme et le milieu extracellulaire (membrane plasmique entourée par les deux flèches blanches sur l'image de droite, d'une épaisseur moyenne de 7,5 nm, soit 10^{-9} m).
D'autres membranes limitent des compartiments fonctionnels : le noyau, les vacuoles, les mitochondries…
Quel que soit son rôle, une membrane est constituée d'une bicouche de lipides fluide dans laquelle viennent s'ancrer une grande diversité d'autres molécules : des protides, des glucides, des glycoprotéines, du cholestérol...

Comprendre le document

La membrane plasmique, essentiellement faite de lipides, sépare le cytoplasme et un milieu extracellulaire qui sont tous les deux très riches en eau.

DOC. 2 **Propriétés des constituants de la membrane plasmique**

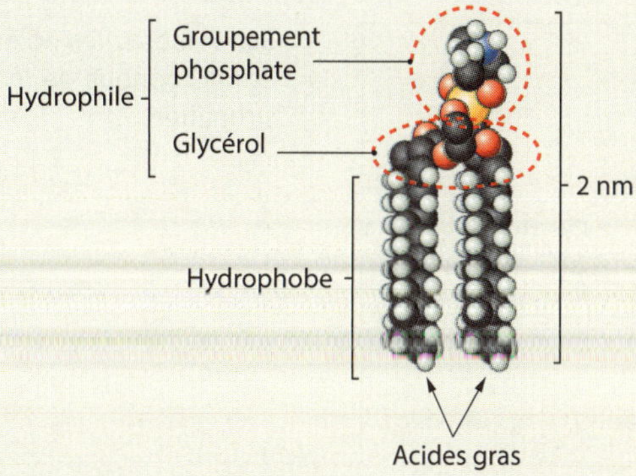

Les phospholipides qui constituent la membrane plasmique sont des lipides amphiphiles, ce qui signifie qu'un côté est hydrophile (la portion glycérol phosphate), alors que l'autre côté est hydrophobe (les acides gras). Ainsi, si on les place dans l'eau, les phospholipides vont s'organiser de telle manière que seule la zone hydrophile sera en contact avec l'eau. Si on les force à se mélanger à ce liquide, ils vont former une bicouche lipidique dans laquelle les acides gras hydrophobes se font face.

Comprendre le document

Un phospholipide est une molécule avec une « tête » qui aime l'eau et une « queue » hydrophobe qui repousse l'eau.

Questions

En utilisant les informations des documents et ses connaissances :

1 **Réaliser un dessin d'observation de la cellule sanguine du DOC. 1 en ajoutant les légendes fonctionnelles adéquates.**

Les conseils du prof !

Même si ce n'est pas précisé, un dessin d'observation doit comporter un titre et une échelle.

2 Schématiser la membrane plasmique pour montrer son organisation en bicouche de lipides.

Les conseils du prof !

Schématisez les pôles hydrophile et hydrophobe de manière simplifiée.

3 Ranger les niveaux d'organisation suivants par ordre croissant de taille en indiquant un ordre de grandeur pour chaque niveau : cellule, atome, organe, molécule et organite. Les ordres de grandeur seront exprimés en unités scientifiques ou en puissances de 10 d'unité de longueur le mètre.

Une frise ou un tableau constitue un outil efficace pour ranger par taille.

Partie 2 Rôle de la membrane des cellules de l'oreille interne

DOC. 3 Amplification des vibrations sonores par les cellules sensorielles de l'oreille interne

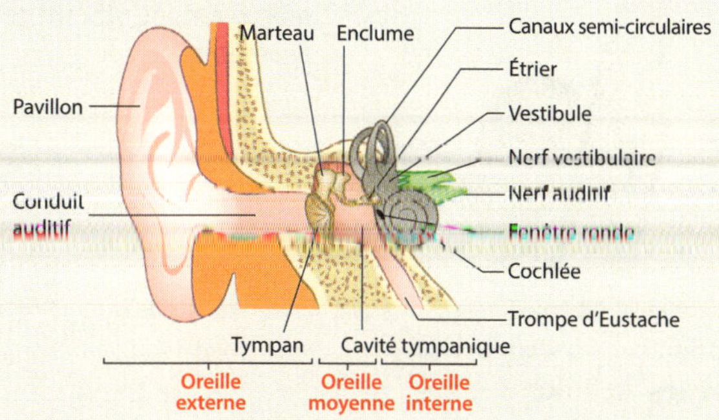

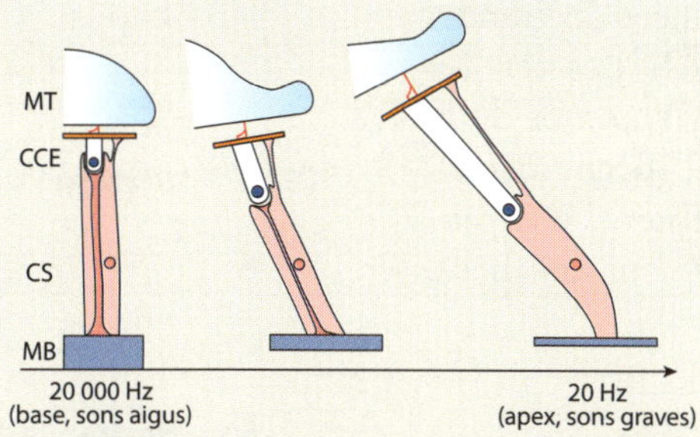

Gradient morphologique des CCE le long de la cochlée

Dans l'oreille interne, tout au long de la cochlée, les cellules sensorielles sont réparties selon un gradient de fréquences.

À la base de la cochlée, les cellules ciliées externes (CCE) sont courtes et fortement attachées par leur membrane aux cellules de soutien (CS) ; les vibrations à haute fréquence sont transmises des cellules de soutien aux cellules sensorielles.

À l'inverse, vers l'apex, les cellules ciliées externes sont longues et faiblement attachées aux cellules de soutien. Dans ce cas, ce sont les vibrations à basse fréquence qui sont transmises aux cellules sensorielles.

MT : membrane tectoriale, toit de la cochlée ; MB : membrane basilaire, plancher de la cochlée.

Comprendre le document

Plus la cellule ciliée externe est courte, plus sa fréquence de vibration est élevée.

DOC. 4 Organisation des cellules ciliées de la cochlée

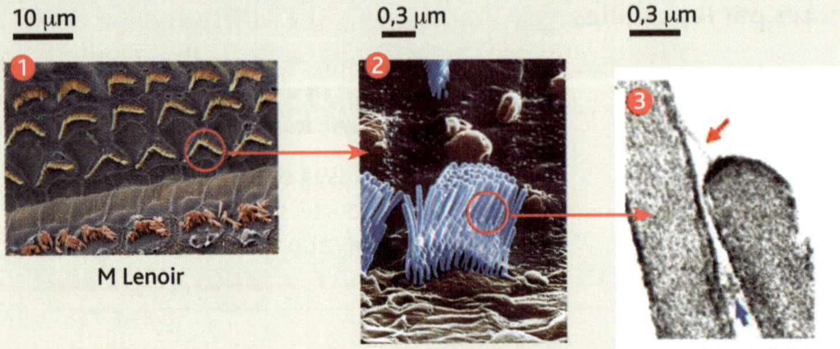

M Lenoir

M Lenoir

R Pujol

Source : www.cochlea.eu

En microscopie électronique à transmission, les cellules sensorielles sont disposées en rangées serrées en forme de V (image 1). Dans chaque « V », on note 3 rangées de cellules ciliées de grande, moyenne et petite tailles reliées entre elles (image 2). Les cellules ciliées sont attachées entre elles (image 3) par le sommet de la cellule (flèche rouge) et par un attachement latéral (flèche bleue). Ainsi, lorsque des cellules ciliées d'une rangée vibrent, elles entraînent mécaniquement celles avec lesquelles elles sont attachées.

Comprendre le document

Les cellules sensorielles d'une même rangée vibrent toutes ensemble.

Questions

4 Calculer le grossissement appliqué entre les images 1, 2 et 3 du DOC. 3.

....

....

....

....

....

....

5 À partir du DOC. 3 et du DOC. 4, expliquer comment la membrane des cellules ciliées externes contribue à la perception des vibrations sonores de fréquences différentes.

....

....

....

Les conseils du prof !

Un grossissement est le résultat du calcul : dimension d'un objet après grossissement/dimension du même objet avant grossissement.

Vous devez extraire au moins une information par document.

Par étapes

ÉTAPE 1 Comprendre les questions

- La question 1 demande un dessin réaliste comportant des légendes indiquant le rôle de chaque partie.
- La question 2 nécessite la réalisation d'un schéma simplifié pour un phospholipide (une tête hydrophile et une queue hydrophobe).
- La question 3 exige un rangement des niveaux par taille croissante, puis une utilisation des documents et de vos connaissances pour leur attribuer un ordre de grandeur.
- La question 5 requiert une extraction des informations du DOC. 3 et du DOC. 4 qui montrent une intervention de la membrane plasmique.

ÉTAPE 2 Exploiter les documents

- DOC. 1 L'électronographie de droite montre la bicouche de lipides membranaires et son épaisseur.
- DOC. 2 En milieu aqueux, les phospholipides se rapprochent par leurs parties hydrophobes.
- DOC. 3 Les vibrations sonores qui parviennent à l'oreille interne sont perçues par des cellules qui vibrent à des fréquences variées.
- DOC. 4 Les cellules sensorielles des rangées voisines sont attachées entre elles par leurs membranes.

ÉTAPE 3 Mettre en relation les documents

- Le DOC. 1 et le DOC. 2 permettent de repérer les parties exposées à l'eau et celle dépourvue d'eau sur l'image de la membrane plasmique pour construire la bicouche de lipides.
- Le DOC. 3 et le DOC. 4 suggèrent la manière dont les cellules sensorielles vibrent lors de la réception d'un son quand la fréquence change.

ÉTAPE 4 Mobiliser ses connaissances

Les connaissances nécessaires à la résolution de cet exercice portent sur :

- les notions d'organite, de cellule et de membrane (➔ fiche de synthèse p. 106) ;
- les unités scientifiques désignant les longueurs inférieures au millimètre (➔ annexe p. 139) ;
- le fait de savoir ranger les niveaux d'organisation de la matière par taille (➔ annexe p. 141).

Exercice 2 Puissance solaire reçue sur Terre

10 pts 1 H → Corrigé p. 101

La puissance solaire reçue sur Terre est indispensable à la vie, mais elle dépend de nombreux paramètres.

Partie 1 Paramètres dont dépend la puissance solaire reçue sur Terre

DOC. 1 Relevé annuel des heures de lever et de coucher du Soleil en France métropolitaine

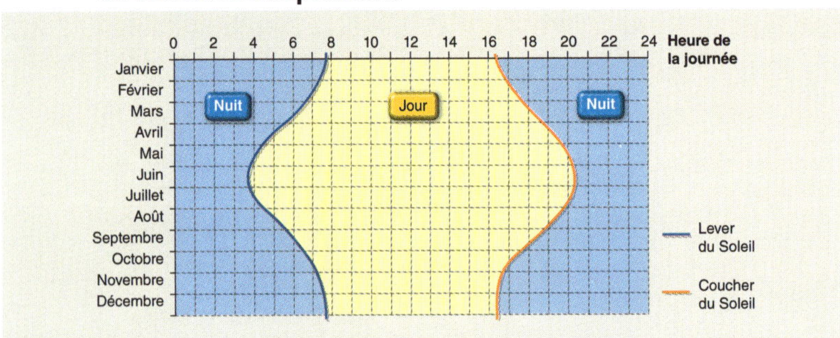

Comprendre le document

Vocabulaire :
La France métropolitaine, ou France hexagonale, désigne la partie de la République française localisée en Europe. Par exemple, Paris fait partie de la France métropolitaine.

DOC. 2 Relevés de température à Paris et à Santiago du Chili

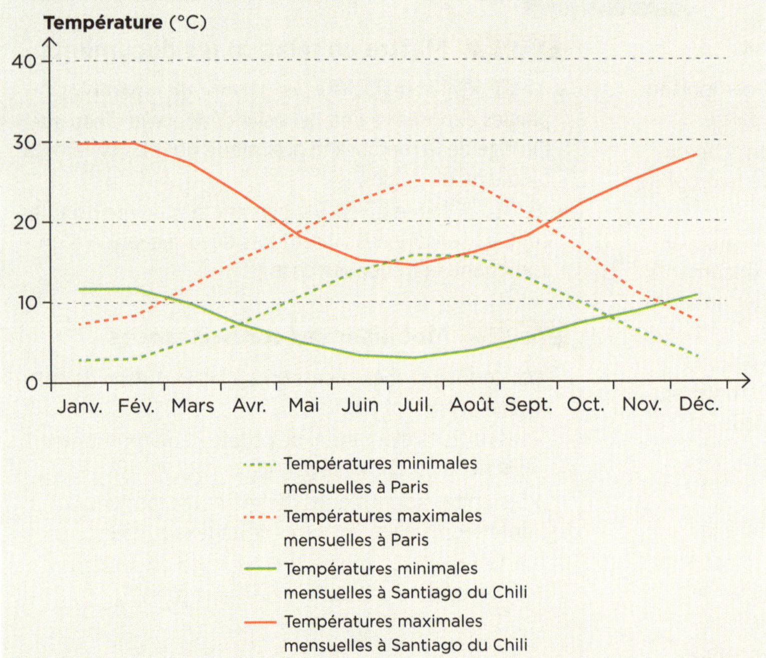

Les températures moyennes mensuelles ont été mesurées pendant plusieurs années à Paris et à Santiago du Chili.

Comprendre le document

Géographie :
Paris est dans l'hémisphère nord (49° Nord ; 2° Est) et Santiago du Chili est dans l'hémisphère sud (33° Sud ; 70° Ouest).

DOC. 3 **Représentation schématique de la Terre éclairée par le Soleil au mois de juin**

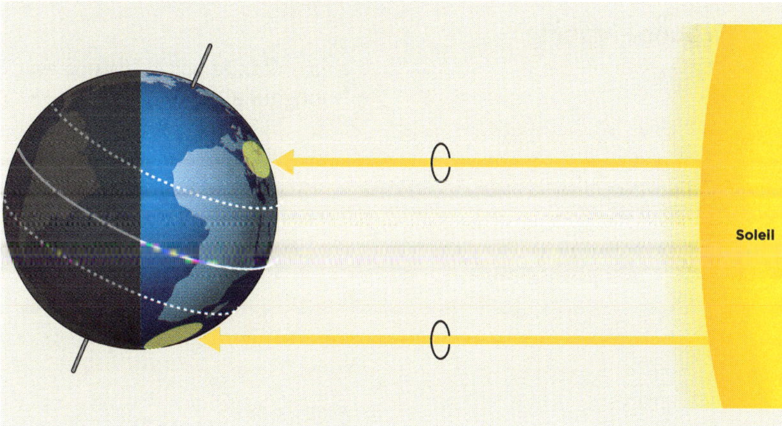

Comprendre le document

Description du schéma :

- Les deux faisceaux lumineux représentent une même puissance solaire.
- Les deux « pics » sur le globe terrestre représentent le pôle Nord (en haut) et le pôle Sud (en bas).

DOC. 4 **Repérage d'un point A sur une sphère**

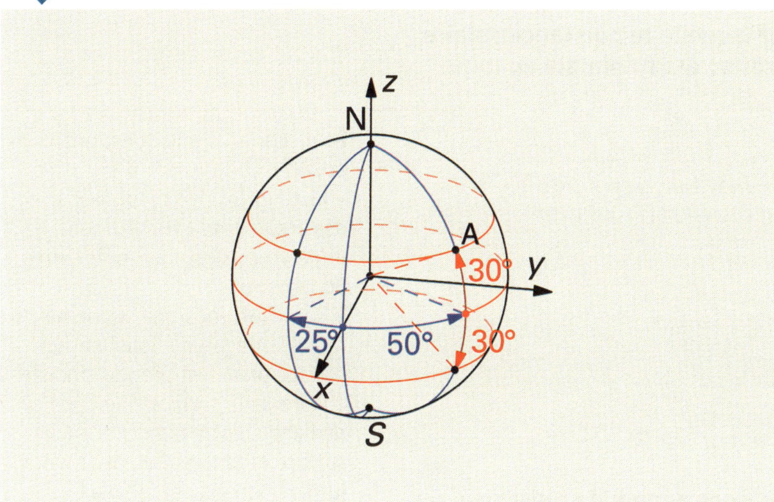

Comprendre le document

Description du schéma :

Un point sur une sphère peut être repéré par deux coordonnées angulaires : sa latitude et sa longitude.

Questions

1 Pour chacune des questions, cocher la bonne réponse.

a. La longitude du point A sur le DOC. 4 est :

- ☐ 30° Sud.
- ☐ 30° Nord.
- ☐ 50° Est.
- ☐ 50° Ouest.

b. La latitude du point A sur le DOC. 4 est :

- ☐ 30° Sud.
- ☐ 30° Nord.
- ☐ 50° Est.
- ☐ 50° Ouest.

2 a. Indiquer sur le DOC. 3 la zone pour laquelle la puissance solaire reçue par unité de surface terrestre est maximale au mois de juin et la zone pour laquelle la puissance solaire reçue par unité de surface terrestre est minimale au mois de juin. Justifier la réponse.

....

....

....

....

....

....

b. Citer les différents paramètres dont dépend la puissance solaire reçue par unité de surface terrestre. Justifier la réponse.

....

....

....

....

....

....

....

....

....

Les conseils du prof !

Ne confondez pas la latitude avec la longitude.

Pour répondre aux questions **2. a** et **2. b** :

- Justifiez les deux réponses avec des arguments géométriques et en vous basant sur différents documents.
- Rappelez-vous que la puissance radiative reçue du Soleil par une surface plane est proportionnelle à l'aire de la surface. Elle dépend de l'angle entre la normale à la surface et la direction des rayons lumineux émis par le Soleil.

Partie 2 Effets de la puissance solaire reçue sur Terre

DOC. 5 Fleurs de tournesol

Les fleurs de tournesol s'orientent vers le Soleil tout au long de la journée.

Comprendre le document

Vocabulaire :
Le mot tournesol est emprunté à l'italien *girasole* : « qui tourne avec le Soleil ».

DOC. 6 Révolution de la Terre autour du Soleil

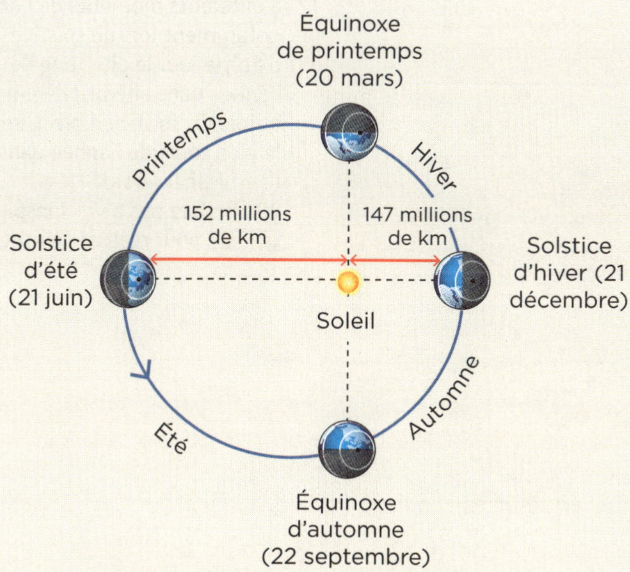

La Terre effectue une révolution complète autour du Soleil en un an. Bien que sa trajectoire dans le référentiel héliocentrique ressemble à un cercle, la Terre est légèrement plus proche du Soleil en décembre qu'en juin.

Comprendre le document

Vocabulaire :
Le référentiel héliocentrique est défini par un solide de référence formé par le centre du Soleil et par des étoiles lointaines considérées comme fixes, auxquels sont associés des repères d'espace et de temps.

Questions

3 Pour chacune des questions, cocher la bonne réponse.

a. Les fleurs de tournesol se tournent vers le Soleil pour :

- ☐ absorber une partie du rayonnement solaire.
- ☐ protéger leurs feuilles du rayonnement solaire.
- ☐ respirer.
- ☐ réaliser une fermentation.

b. À l'échelle de la planète Terre, les organismes chlorophylliens utilisent pour la photosynthèse environ :

- ☐ 0,1 % de la puissance solaire totale disponible.
- ☐ 1 % de la puissance solaire totale disponible.
- ☐ 10 % de la puissance solaire totale disponible.
- ☐ 100 % de la puissance solaire totale disponible.

4 Expliquer à quoi sont dues les saisons dans l'hémisphère nord et dans l'hémisphère sud en réalisant notamment un schéma.

....

....

....

....

....

....

....

....

....

....

....

....

....

....

....

....

Les conseils du prof !

Ne confondez pas la photosynthèse avec la respiration et la fermentation, qui sont des réactions chimiques permettant de convertir une partie de l'énergie contenue dans les nutriments en énergie utilisable par les cellules des tournesols.

- Réalisez un schéma représentant le Soleil et la Terre à différents moments de l'année, notamment lors du solstice d'été, le jour le plus long de l'année dans l'hémisphère nord, et lors du solstice d'hiver, le jour le plus court de l'année dans l'hémisphère nord.
- N'hésitez pas à vous inspirer du **DOC. 6** pour réaliser ce schéma.

Par étapes

ÉTAPE 1 Comprendre les questions

- Les questions **1** et **3** sont posées sous forme de QCM. Leurs réponses font appel à vos connaissances.
- Les justifications des réponses de la question **2** doivent se baser sur les documents proposés.
- La question **4** demande la réalisation d'un schéma. N'oubliez pas que la Terre est inclinée sur son axe de rotation par rapport au Soleil.

ÉTAPE 2 Exploiter les documents

- **DOC. 1**, **DOC. 2** et **DOC. 3** Ces documents permettent d'étudier les différents paramètres dont dépend la puissance solaire reçue par unité de surface terrestre.
- **DOC. 4** Le point *N* correspond au Nord et le point *S* correspond au Sud.
- **DOC. 5** Le mouvement des fleurs de tournesol vers le Soleil permet de montrer l'importance du rayonnement solaire pour les organismes chlorophylliens.
- **DOC. 6** Notez que le Soleil est plus éloigné de la Terre le 21 juin que le 21 décembre.

ÉTAPE 3 Mettre en relation les documents

- Le **DOC. 1**, le **DOC. 2** et le **DOC. 3** vous permettent d'expliquer à quoi sont dues les saisons dans l'hémisphère nord et dans l'hémisphère sud.
- Le **DOC. 4**, le **DOC. 5** et le **DOC. 6** sont indépendants. Ils permettent de faire le lien avec les questions **1**, **3** et **4**, qui demandent notamment une restitution de connaissances sur les notions de latitude et de longitude, ainsi que sur la photosynthèse.

ÉTAPE 4 Mobiliser ses connaissances

Les connaissances nécessaires à la résolution de cet exercice portent sur :

- le rayonnement solaire (→ fiche de synthèse p. 108) ;
- une conversion biologique de l'énergie solaire : la photosynthèse (→ fiche de synthèse p. 112) ;
- la forme de la Terre (→ fiche de synthèse p. 115).

Je comprends les corrigés

Exercice 1 → p. 88

1 Dessin d'observation d'une cellule sanguine

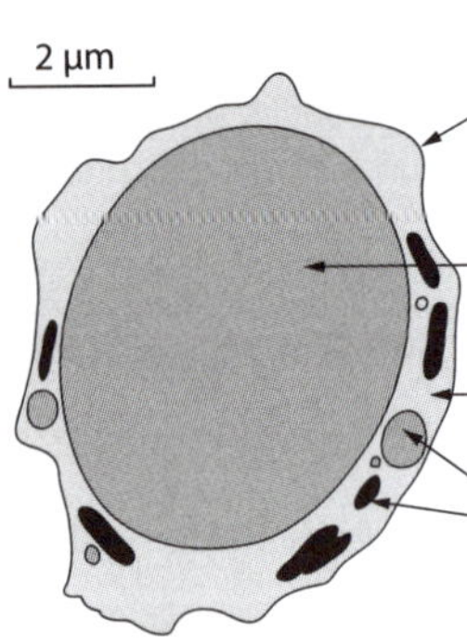

Cellule sanguine observée au microscope électronique

> Une légende doit être fonctionnelle, c'est à dire indiquer la fonction de ce qui est légendé.

2 Schéma d'organisation de la membrane plasmique

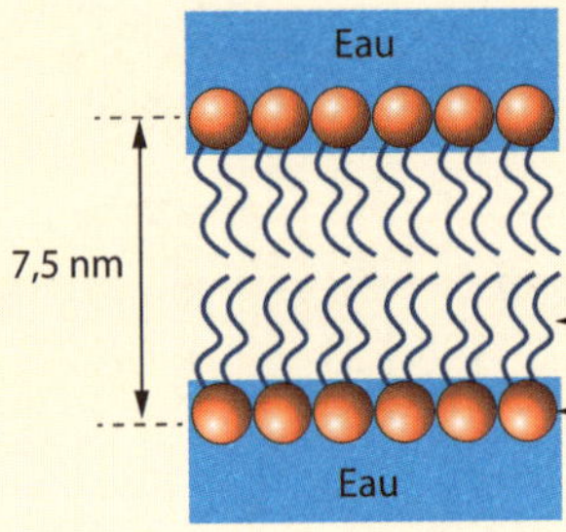

Bicouche de phospholipides dans une membrane plasmique

> Les parties hydrophile et hydrophobe des phospholipides doivent être clairement identifiées sur le schéma.

3 Les niveaux d'organisation rangés par taille croissante

Niveau d'organisation	Atome	Molécule	Organite	Cellule	Organe
Ordre de grandeur	0,1 nm (10^{-10} m)	Quelques nm (10^{-9} m)	Quelques µm (10^{-6} m)	1 à 100 µm (10^{-6} m)	cm (10^{-2} m)

> L'ordre de grandeur des niveaux d'organisation pouvait être donné en notation scientifique (puissances de 10) ou en unités de longueur. Le corrigé propose les deux solutions.

4 Sur l'image 1, la structure en V mesure 5 mm de long. Sur l'image 2, la même structure mesure 5 cm. Donc, le grossissement appliqué entre l'image 1 et l'image 2 est de 50 mm/5 mm, soit 10.
Sur l'image 2, une cellule ciliée mesure 1 mm de large, alors qu'elle mesure 1,5 cm sur l'image 3. Donc, le grossissement appliqué entre l'image 2 et l'image 3 est de 15 mm/1 mm, soit 15.
Ainsi, le grossissement appliqué de l'image 1 à l'image 3 est de 10 × 15, soit 150.

> Un grossissement est un rapport entre deux longueurs, donc il est sans unité.

5 On constate que les cellules ciliées externes sont accrochées aux cellules de soutien liées elles-mêmes à la membrane basilaire de la cochlée (DOC. 3). Or, les cellules ciliées sont plus fortement liées aux cellules de soutien à la base de la cochlée qu'à l'apex. De plus, les vibrations de haute fréquence sont perçues à la base de la cochlée et les vibrations de basse fréquence à l'apex. Ainsi, on peut penser que la fréquence des vibrations sonores perçues dépend de l'intensité d'attachement entre les cellules de la cochlée. On constate également que les cellules sensorielles sont attachées entre elles par des liens accrochés à leur membrane. Ces accrochages sont réalisés grâce à des liens attachés aux membranes plasmiques. Ainsi, les cellules ciliées sont mécaniquement solidaires. On peut donc conclure que la membrane des cellules de l'oreille interne contribue à la perception des sons de différentes fréquences en permettant l'adhésion et donc la transmission d'énergie mécanique entre les cellules.

> Citez des informations précises extraites des documents.

Exercice 2 → p. 94

1 **a.** La longitude du point A sur le DOC. 4 est 50° Est.
b. La latitude du point A sur le DOC. 4 est 30° Nord.

> • La longitude du point A est la mesure en degré de l'angle par rapport au méridien de Greenwich, suivie de l'indication Est ou Ouest.
> • La latitude du point A est la mesure en degré de l'angle par rapport à l'équateur, suivie de l'indication Nord ou Sud.

2 **a.**

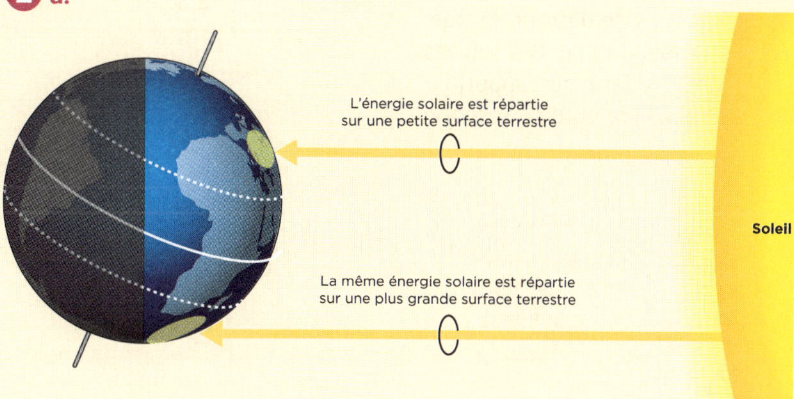

Au mois de juin, la zone pour laquelle la puissance solaire reçue par unité de surface terrestre est maximale se trouve dans l'hémisphère nord, car une même puissance radiative reçue du Soleil couvre une surface plus petite dans l'hémisphère nord que dans l'hémisphère sud.

> L'aire de la surface terrestre éclairée avec une même puissance radiative est plus grande dans l'hémisphère sud que dans l'hémisphère nord, car l'angle entre la normale à la surface terrestre et la direction des rayons lumineux émis par le Soleil est plus grand dans l'hémisphère sud que dans l'hémisphère nord.

b. La puissance solaire reçue par unité de surface terrestre dépend :
– de l'heure (variation diurne). En effet, d'après le DOC. 1, on observe que la puissance solaire reçue sur Terre en France métropolitaine à 2 heures du matin est toujours nulle, alors que cela n'est pas le cas à midi par exemple ;

– du moment de l'année (variation saisonnière). En effet, d'après le DOC. 1 et le DOC. 2, on observe que, pour un même lieu, la durée d'ensoleillement et la température moyenne varient suivant les mois de l'année ;
– de la latitude (zonation climatique). En effet, d'après le DOC. 2, la température moyenne varie suivant le lieu, ce qui est expliqué dans le DOC. 3 par le fait que la puissance solaire reçue par unité de surface terrestre dépend de la latitude de ce lieu.

La puissance solaire reçue par unité de surface terrestre dépend de la latitude du lieu, car la latitude est liée à l'angle entre la normale à la surface terrestre et la direction des rayons lumineux émis par le Soleil.

3 a. Les fleurs de tournesol se tournent vers le Soleil pour absorber une partie du rayonnement solaire.

b. À l'échelle de la planète Terre, les organismes chlorophylliens utilisent pour la photosynthèse environ 0,1 % de la puissance solaire totale disponible.

La photosynthèse est un ensemble de transformations chimiques qui permettent aux organismes chlorophylliens de synthétiser de la matière organique (glucides) à partir d'eau, de dioxyde de carbone et d'énergie lumineuse.

4 Les saisons dans l'hémisphère nord et dans l'hémisphère sud ne sont pas dues à la distance entre le Soleil et la Terre, car la distance Soleil-Terre est plus grande au mois de juin qu'au mois de décembre, alors que c'est l'été dans l'hémisphère nord au mois de juin. Les saisons sont dues à l'inclinaison de l'axe de rotation de la Terre par rapport au Soleil, ce qui explique que l'hiver dans l'hémisphère nord correspond à l'été dans l'hémisphère sud.

N'hésitez pas à insister sur la fait que les saisons ne sont pas dues à la distance Terre-Soleil.

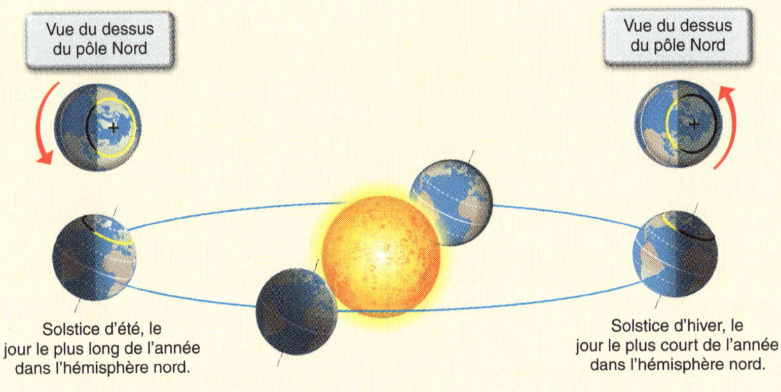

Position de la Terre par rapport au Soleil à différents moments de l'année

En effet, au mois de juin, la zone pour laquelle la puissance solaire reçue par unité de surface terrestre est maximale se trouve dans l'hémisphère nord, car une même puissance radiative reçue du Soleil couvre une surface plus petite dans l'hémisphère nord que dans l'hémisphère sud, alors que c'est l'inverse au mois de décembre.

Dans cette synthèse, reprenez des arguments déjà développés dans les questions précédentes.

révisions et méthode

FICHE 1 Un niveau d'organisation : les éléments chimiques

1. Origine des éléments chimiques

• Il y a **13,8 milliards d'années**, une microseconde après le **Big Bang**, sont apparues les particules élémentaires (protons, neutrons et électrons).

• Les protons et les neutrons se sont ensuite rapidement associés pour former des noyaux d'hélium, ce qui était la première étape avant la formation d'autres noyaux plus lourds (béryllium, carbone, oxygène, fer...). En effet, la plupart des noyaux d'atomes sont stables mais, au cœur des étoiles, des **fusions nucléaires** entre des noyaux ont lieu. Par exemple, des noyaux d'hydrogène fusionnent pour donner des noyaux d'hélium, puis des noyaux plus lourds, en libérant une très grande quantité d'énergie.

• Lorsque les étoiles explosent, les éléments sont rejetés dans l'Univers. Ainsi, **les noyaux des atomes de la centaine d'éléments chimiques stables résultent de réactions nucléaires** qui se sont produites et se produisent encore **au sein des étoiles à partir de l'hydrogène initial** (dont le noyau est constitué d'un seul proton).

• D'autres réactions, comme des **fissions nucléaires**, peuvent avoir lieu en dehors des étoiles.

• **La matière connue de l'Univers est formée principalement d'hydrogène et d'hélium**, alors que **la Terre est surtout constituée d'oxygène, d'hydrogène, de fer, de silicium, de magnésium** et **les êtres vivants de carbone, d'hydrogène, d'oxygène et d'azote.**

Mot-clé
Big Bang : modèle utilisé pour décrire l'origine et l'évolution de l'Univers.

Mot-clé
Fusion : réaction de deux noyaux produisant un noyau plus gros.

Mot-clé
Fission : division d'un noyau en deux noyaux plus petits.

Savoir-faire

- Produire et analyser différentes représentations graphiques de l'abondance des éléments chimiques (proportions) dans l'Univers, la Terre, les êtres vivants.
- L'équation d'une réaction nucléaire stellaire étant fournie, reconnaître si celle-ci relève d'une fusion ou d'une fission.

2. Radioactivité

• Certains noyaux sont instables et se **désintègrent spontanément**, c'est la **radioactivité**. L'instant de désintégration d'un noyau radioactif individuel est **aléatoire**.

• La **demi-vie** d'un noyau radioactif est la **durée nécessaire pour que la moitié des noyaux initialement présents dans un échantillon se soit désintégrée**. Cette demi-vie est caractéristique du noyau radioactif.

Mot-clé
Aléatoire : imprévisible, lié au hasard.

Savoir-faire

- Calculer le nombre de noyaux restants au bout de *n* demi-vies.
- Estimer la durée nécessaire pour obtenir une certaine proportion de noyaux restants.
- Utiliser une représentation graphique pour déterminer une demi-vie.
- Utiliser une décroissance radioactive pour une datation (exemple du carbone 14).

1. Structure d'un cristal

- Le chlorure de sodium solide (présent dans les roches, ou issu de l'évaporation de l'eau de mer) est constitué d'un **empilement régulier d'ions** : c'est l'**état cristallin**. Plus généralement, une structure cristalline est définie par une **maille élémentaire répétée périodiquement**. Un type cristallin est défini par la forme géométrique de la maille, et la nature et la position dans cette maille des entités qui la constituent.
- Les cristaux les plus simples peuvent être décrits par une maille cubique que la géométrie du cube permet de caractériser. La position des entités dans cette maille distingue **les réseaux cubique simple et cubique à faces centrées**.
- **La structure microscopique du cristal conditionne certaines de ses propriétés macroscopiques**, dont sa masse volumique ρ.
- Un composé de formule chimique donnée peut **cristalliser sous différents types de structures** qui ont des **propriétés macroscopiques différentes**.

Mot-clé

Maille : arrangement dans l'espace d'entités chimiques dont la répétition constitue la totalité d'un cristal.

Savoir-faire

- Utiliser une représentation 3D informatisée du cristal de chlorure de sodium.
- Relier l'organisation de la maille au niveau microscopique à la structure du cristal au niveau macroscopique.
- Pour chacun des deux réseaux (cubique simple et cubique à faces centrées) :

– représenter la maille en perspective cavalière ;
– calculer la compacité *c* dans le cas d'entités chimiques sphériques tangentes ;
– dénombrer les atomes par maille et calculer la masse volumique $\rho = \frac{m}{V}$ du cristal.

2. Minéraux et cristaux

- Les **minéraux** se caractérisent par leur composition chimique et leur organisation cristalline. Une **roche** est formée de l'association de cristaux d'un même minéral ou de plusieurs minéraux.
- Des structures cristallines existent aussi dans les **organismes biologiques** (coquille, squelette, calcul rénal, etc.).
- L'empilement des entités est en revanche **sans ordre géométrique** dans les **solides amorphes**, comme le **verre**.
- Certaines roches volcaniques contiennent du verre, issu de la **solidification très rapide d'une lave**.

Mot-clé

Verre : solide amorphe constitué principalement de silice SiO_2.

Savoir-faire

- Distinguer, en termes d'échelle et d'organisation spatiale, la maille (10^{-10} m), le cristal (de 10^{-9} m à 10^{-2} m), le minéral (de 10^{-4} m à 10^{-2} m), la roche (de 10^{-1} m à 10^{1} m). Les identifier sur un échantillon ou une image.
- Mettre en relation la structure amorphe ou cristalline d'une roche et les conditions de son refroidissement.

1. Construction de la théorie cellulaire

- Aujourd'hui, nous observons des cellules en connaissant leur existence, leurs structures variées, leurs diverses fonctions. Mais le concept de cellule ne va pas de soi, et il n'a même aucun sens avant le XVIIe siècle.
- La découverte de l'existence de cellules chez tous les êtres vivants est liée à l'**invention du microscope**, mais l'observation de structures semblables dans de très nombreux organismes n'a pas suffi à construire la théorie cellulaire.
- La **construction de la théorie cellulaire** démarre en 1839 avec Theodor Schwann, un physiologiste allemand, alors que de nombreuses observations microscopiques avaient été réalisées depuis l'invention du premier microscope datant de 1665. Il a donc fallu plus de 150 ans pour passer **des premières observations de cellules à l'énoncé d'une théorie généralisant l'existence de ces structures fonctionnelles présentes chez tous les êtres vivants**. Plus récemment (vers 1930), l'**invention du microscope électronique** a permis l'exploration de l'intérieur de la cellule et l'identification de très nombreuses structures intracellulaires : les **organites**.

Remarque
L'observation d'un fait, même souvent répété, ne suffit pas pour construire une théorie scientifique.

Savoir-faire
Analyser et interpréter des documents historiques relatifs à la théorie cellulaire.

2. Énoncé actuel de la théorie cellulaire

- **La cellule est la plus petite unité d'organisation du vivant** : elle comporte un cytoplasme séparé du milieu extérieur par une **membrane**. Le **cytoplasme** contient de l'information génétique.
- **La cellule est la plus petite unité fonctionnelle du vivant** ; elle réalise des processus chimiques permettant sa nutrition et sa croissance (métabolisme).
- **Tout organisme est composé d'une ou de plusieurs cellules.**
- Les nouvelles cellules proviennent de la **division de cellules préexistantes**.

Savoir-faire
Évaluer les ordres de grandeur : atome, molécule, organite, cellule, organisme.

3. Membrane plasmique, barrière de lipides

- **La cellule est un espace séparé de l'extérieur par une membrane plasmique.** Cette membrane est constituée d'une bicouche lipidique et de protéines. La structure de la membrane est stable, car les parties **hydrophobes** des lipides et des protéines s'associent entre elles, tandis que les parties **hydrophiles** restent au contact du cytoplasme et du milieu extra-cellulaire, riches en eau.

Remarque
Hydrophile : qui a de l'affinité pour l'eau, soluble dans l'eau.
Hydrophobe : c'est l'inverse !

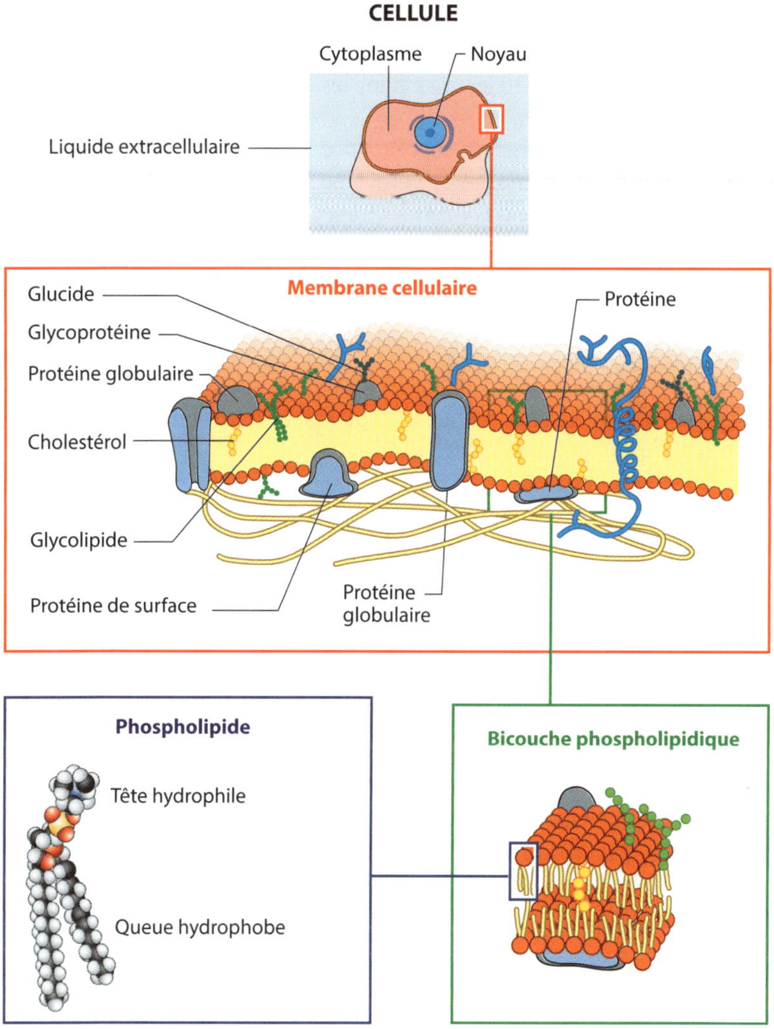

Savoir-faire

- Relier l'échelle de la cellule et celle de la molécule (exemple de la membrane plasmique).
- Schématiser la membrane plasmique à partir de molécules dont les parties hydrophile/lipophile sont identifiées.

1. Énergie libérée par le Soleil et par les étoiles

- L'énergie E dégagée par les **réactions de fusion de l'hydrogène** qui se produisent dans les étoiles maintient les étoiles à une température très élevée.
- Du fait de l'équivalence masse-énergie, ces réactions s'accompagnent d'une **diminution de la masse** de l'étoile au cours du temps. D'après la **relation d'Einstein $E = \Delta m \times c^2$**, avec E l'énergie dégagée par l'étoile en joule (J), Δm la diminution de la masse de l'étoile en kilogramme (kg), et $c = 3{,}0 \times 10^8$ m·s^{-1} la vitesse de propagation de la lumière dans le vide.

Mot-clé

Fusion : réaction de deux noyaux produisant un noyau plus gros, en libérant une grande quantité d'énergie.

Savoir-faire

Déterminer la masse solaire Δm, en kilogramme (kg), transformée chaque seconde en énergie E, en joule (J), à partir de la donnée de la puissance P, en watt (W), rayonnée par le Soleil ($P = E \times \Delta t$, avec Δt la durée, en seconde (s)).

2. Rayonnement du Soleil et des étoiles

- Comme tous les corps matériels, les étoiles et le Soleil émettent des **ondes électromagnétiques** et **perdent** donc de l'**énergie par rayonnement**.
- Le **spectre du rayonnement** émis par la surface d'une étoile (modélisé par un spectre de corps noir) dépend seulement de la **température de sa surface**. La longueur d'onde d'émission maximale λ_m, en mètre (m), est inversement proportionnelle à la température absolue T, en kelvin (K), de la surface de l'étoile.

D'après la **loi de Wien, $T = \dfrac{a}{\lambda_m}$**, avec $a = 2{,}90 \times 10^3$ m·K une constante.

Remarque

Température absolue T en kelvins (K) :

$$T = \theta + 273$$

avec θ la température en degré Celsius (°C).

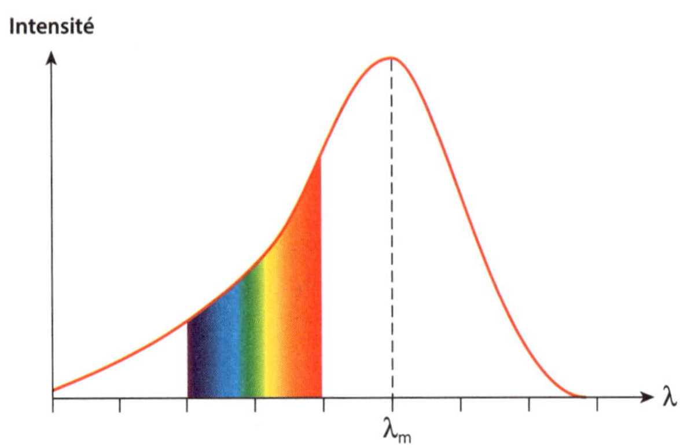

Spectre du rayonnement émis par une étoile

Savoir-faire

- À partir d'une représentation graphique du spectre d'émission du corps noir à une température donnée, déterminer la longueur d'onde d'émission maximale λ_m.
- Appliquer la loi de Wien pour déterminer la température T de surface d'une étoile à partir de la longueur d'onde d'émission maximale λ_m.

3. Puissance radiative reçue du Soleil

- La **puissance radiative reçue du Soleil** par une surface plane est proportionnelle à l'aire de la surface et dépend de l'angle entre la normale à la surface et la direction du Soleil.
- De ce fait, la puissance solaire reçue par unité de surface terrestre dépend :

→ de l'**heure** (variation diurne) ;
→ du **moment de l'année** (variation saisonnière) ;
→ de la **latitude** (zonation climatique).

Mot-clé

Latitude : mesure en degré de l'angle par rapport à l'équateur, suivie de l'indication Nord ou Sud.

Savoir-faire

- Sur un schéma, identifier les configurations pour lesquelles la puissance reçue par une surface est maximale ou minimale.
- Analyser, interpréter et représenter graphiquement des données de températures, calculer des moyennes temporelles de températures et comparer des distributions temporelles de températures.

1. Albédo terrestre

● La proportion de la puissance totale du rayonnement émis par le Soleil et atteignant la Terre est déterminée par le rayon de la Terre et la distance Terre-Soleil. Une fraction de cette puissance, quantifiée par l'**albédo terrestre moyen**, est diffusée par la Terre vers l'espace, le reste est absorbé par l'atmosphère, les continents et les océans.

Mot-clé

Albédo : proportion de lumière, de rayonnement, renvoyée par un corps éclairé. L'albédo terrestre moyen est égal à 0,3 soit 30 %.

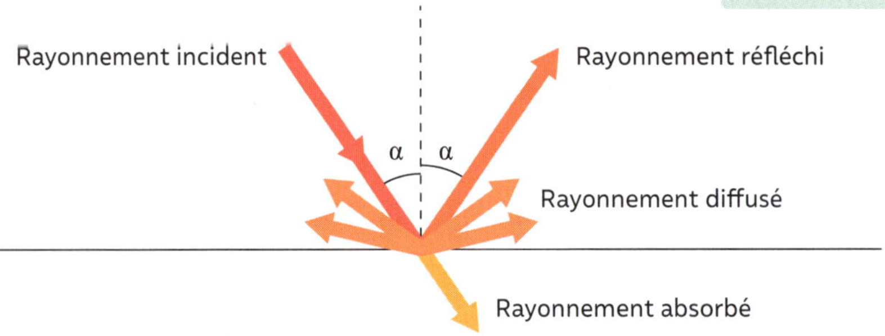

Rayonnement solaire incident, absorbé, diffusé et réfléchi par la Terre

Savoir-faire

● En s'appuyant sur un schéma, calculer la proportion de la puissance du rayonnement émis par le Soleil qui atteint la Terre.
● L'albédo terrestre étant donné, déterminer la puissance totale reçue par le sol de la part du Soleil.

2. Effet de serre

● Le sol émet un **rayonnement électromagnétique dans le domaine infrarouge** (longueur d'onde λ voisine de 10 µm) dont la **puissance par unité de surface augmente avec la température**.
● Une partie de cette puissance est absorbée par l'atmosphère, qui elle-même émet un rayonnement infrarouge vers le sol et vers l'espace : c'est l'**effet de serre**.

Savoir-faire

Commenter la courbe d'absorption de l'atmosphère terrestre en fonction de la longueur d'onde λ.

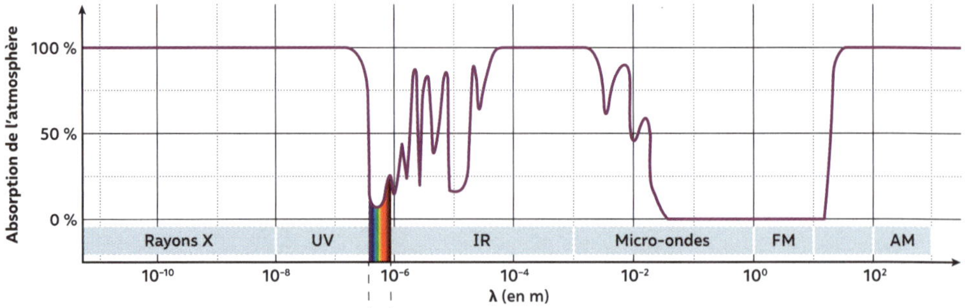

Courbe d'absorption de l'atmosphère terrestre en fonction de la longueur d'onde λ

3. Équilibre dynamique

- **La puissance reçue par le sol terrestre** en un lieu donné est égale à la **somme de la puissance reçue du Soleil et de celle reçue de l'atmosphère**. Ces deux dernières sont du même ordre de grandeur.
- Un **équilibre**, qualifié de dynamique, est atteint lorsque **le sol reçoit au total une puissance moyenne égale à celle qu'il émet**. La **température** moyenne du sol est alors **constante**.

Mot-clé

Ordre de grandeur : puissance de dix la plus proche de la valeur considérée.

Savoir-faire

- Représenter sur un schéma les différents rayonnements reçus et émis par le sol.
- Expliquer qualitativement l'influence des différents facteurs (albédo, effet de serre) sur la température terrestre moyenne.

FICHE 6 Une conversion biologique de l'énergie solaire : la photosynthèse

1. Un processus de production de matière organique

- Les **organismes chlorophylliens** se nourrissent d'eau, de sels minéraux et de dioxyde de carbone : ce sont des matières minérales. Ils peuvent ainsi **synthétiser de la matière organique** telle que des molécules de glucides, de lipides et de protides.

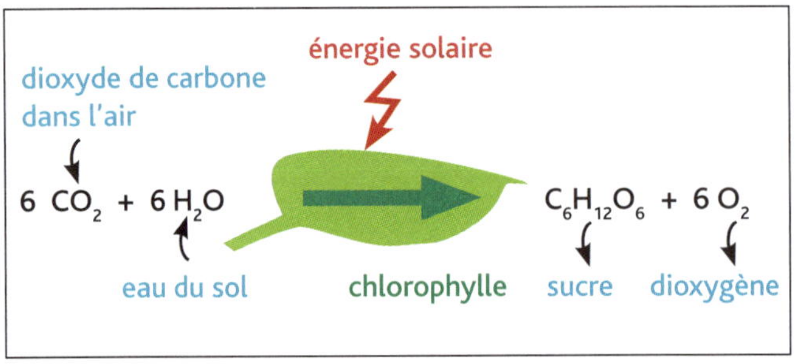

Remarque
Le carbone, atome principal des molécules organiques, est présent dans le CO_2 atmosphérique et dans les combustibles fossiles.

- Ces molécules peuvent être transformées par **respiration** ou **fermentation** pour libérer **l'énergie** nécessaire au fonctionnement des organismes chlorophylliens et des êtres vivants qui les consomment.
- Comme premier maillon de la plupart des chaînes alimentaires, les organismes chlorophylliens permettent l'**entrée dans la biosphère de matière minérale stockant de l'énergie sous forme chimique**.
- À leur mort, une partie des végétaux échappe à la décomposition et s'enfouit dans le sol.
- À l'échelle des temps géologiques, une partie de la matière organique s'accumule dans les sédiments, puis se transforme en donnant des **combustibles fossiles**.

Savoir-faire
Retrouver l'origine biologique d'un combustible fossile (gaz, charbon ou pétrole) à partir de l'étude de documents.

2. Un mécanisme de conversion d'énergie

- La transformation des matières minérales en matières organiques par la **photosynthèse** est réalisée au cours de **réactions chimiques**.
- Ces réactions chimiques nécessitent de l'énergie. L'**énergie solaire** est convertie en énergie chimique utilisable par les cellules chlorophylliennes.
- Les **cellules chlorophylliennes** possèdent des **pigments** capables d'absorber une partie du rayonnement solaire (principalement les radiations rouges et bleues).

Vocabulaire
Photosynthèse = fabrication (-synthèse) à la lumière (photo-).

Savoir-faire
Comparer le spectre d'absorption (radiations absorbées par un végétal) et le spectre d'action photosynthétique (radiations qui permettent d'obtenir une photosynthèse efficace).

3. Utilisation d'une part infime de l'énergie solaire reçue

- **À l'échelle de la feuille (pour les plantes), seulement 5 à 10 % de l'énergie reçue est utilisée par la photosynthèse pour produire de la matière organique.**
- Le reste de l'énergie reçue est soit diffusé, soit transmis au travers de la feuille, soit absorbé (échauffement et évapotranspiration).
- **À l'échelle de la planète, les organismes chlorophylliens utilisent pour la photosynthèse environ 0,1 %** de la puissance solaire totale disponible.

Remarque
L'efficacité énergétique des panneaux solaires varie entre 6 et 20 %. Ces panneaux nécessitent de grandes quantités d'énergie pour leur fabrication, leur transport, leur entretien et leur recyclage.

Savoir-faire
Représenter sur un schéma les différents échanges d'énergie au niveau d'une feuille.

FICHE 7 Le bilan thermique du corps humain

1. Une température corporelle stable

- **La température du corps humain est comprise entre 30 et 38 °C selon les zones corporelles.** Elle est, le plus souvent, supérieure à la température de notre environnement.
- Ainsi, un flux thermique existe entre notre corps et le milieu environnant, et la température corporelle devrait baisser. Or, elle reste à peu près **stable**.
- Les quantités d'énergie thermique perdues par le corps sont donc compensées par une **production d'énergie thermique par le corps lui-même**.

Vocabulaire
Dans le langage courant, le terme « chaleur » est souvent utilisé pour désigner l'énergie thermique.

2. Origine de la production d'énergie thermique par le corps humain

- L'énergie thermique produite par le corps humain provient d'une **conversion d'énergie biologique** impliquant deux mécanismes :

➜ la **respiration cellulaire :** conversion de l'énergie chimique contenue dans les molécules organiques en énergie utilisable par la cellule, notamment en énergie thermique. Ce mécanisme utilise du dioxygène **;**

➜ les **fermentations :** mécanismes qui produisent de l'énergie thermique, mais sans utilisation de dioxygène.

- Les apports énergétiques sont couverts par les **aliments** et doivent augmenter lorsque l'activité physique augmente pour compenser les pertes.

Vocabulaire
La respiration est un phénomène cellulaire qui ne doit pas être confondu avec la ventilation, qui consiste seulement en un renouvellement de l'air dans les poumons.

Savoir-faire
Utiliser des données quantitatives sur l'apport énergétique d'aliments dans un bilan d'énergie correspondant à des activités variées.

3. Un équilibre dynamique

- Globalement, la **puissance thermique libérée par un corps humain** dans les conditions de vie courante, au repos, est **de l'ordre de 100 W**.
- Les **transferts thermiques entre le corps et l'environnement** sont réalisés selon quatre mécanismes : la **conduction**, l'**évaporation de l'eau**, la **convection** et le **rayonnement**.

Savoir-faire
Représenter sur un schéma qualitatif les différents échanges d'énergie entre l'organisme et le milieu extérieur.

1. Sphéricité de la Terre

● Alors que la Terre apparaît localement plane dans la plupart des expériences quotidiennes, plusieurs observations de différentes natures ont permis de **conclure dès l'Antiquité que la Terre était sphérique** :

➜ la coque d'un bateau disparaît avant son mât sur l'horizon ;

➜ l'ombre portée de la Terre sur la Lune lors d'une éclipse est un cercle.

● Historiquement, une fois la sphéricité de la Terre établie, des **méthodes géométriques** ont permis de **calculer la longueur d'un méridien (environ 40 000 km)** à partir de mesures d'angles ou de longueurs :

➜ Ératosthène a comparé des ombres entre deux villes séparées d'une distance L connue sur un même méridien terrestre afin de mesurer un angle α. Ces mesures lui permirent de calculer la longueur du méridien terrestre, ainsi que le rayon terrestre R grâce à la relation : $L = R \times \alpha$, avec α en radians (rad) ;

Mot-clé :
Antiquité : période de l'histoire, après la Préhistoire, et avant le Moyen Âge, commençant au 4e millénaire avant notre ère avec l'invention de l'écriture en Mésopotamie et en Égypte, et se terminant autour du Ve siècle après J.-C.

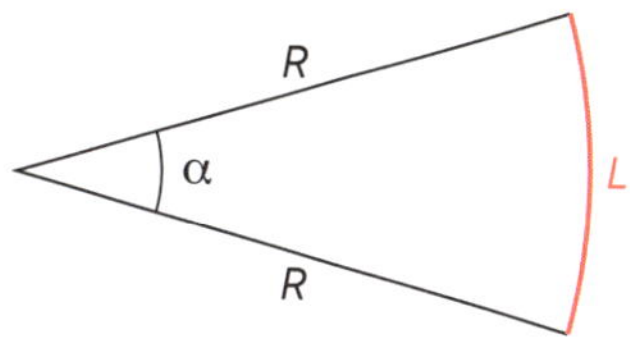

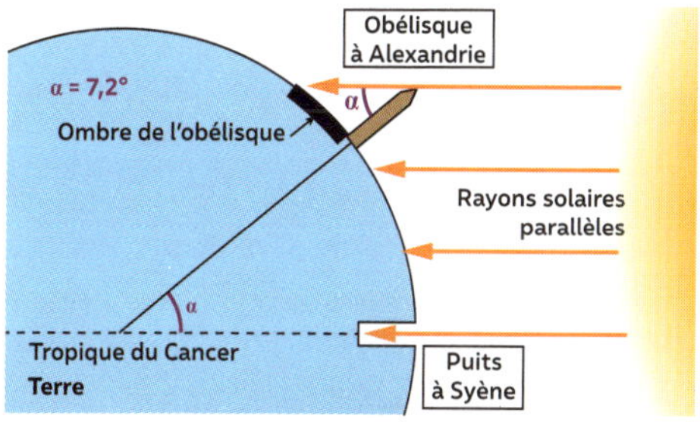

Observations d'Ératosthène

➜ Delambre et Méchain ont utilisé quant à eux la méthode de **triangulation plane** pour déterminer la longueur d'un méridien terrestre en jalonnant un arc de méridien d'un grand nombre de triangles dont ils ont mesuré les angles afin de calculer les longueurs de leurs côtés.

Mot-clé
Méridien : cercle imaginaire à la surface terrestre qui passe par les deux pôles du globe terrestre. Ce méridien peut aussi être appelé : méridien astronomique.

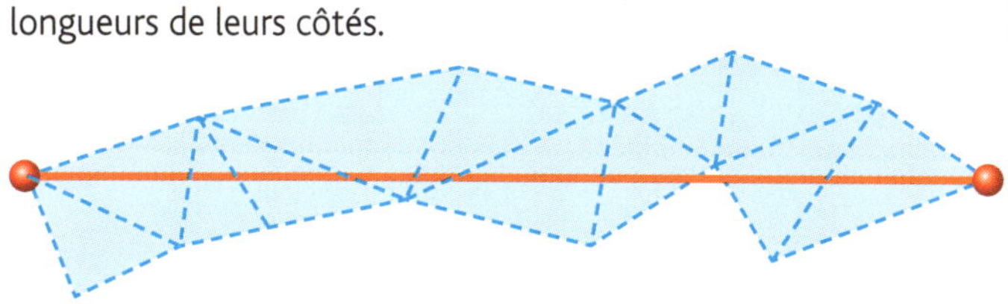

Triangles jalonnant un arc de méridien terrestre

Savoir-faire

- Calculer la longueur du méridien terrestre par la méthode d'Ératosthène.
- Calculer une longueur par la méthode de triangulation utilisée par Delambre et Méchain.
- Calculer le rayon de la Terre à partir de la longueur du méridien.

2. Repérage à la surface de la Terre

- On repère un point à la surface de la Terre par deux coordonnées angulaires :

→ sa **latitude**, c'est-à-dire la mesure en degré de l'angle par rapport à l'équateur, suivie de l'indication Nord ou Sud ;

→ sa **longitude**, c'est-à-dire la mesure en degré de l'angle par rapport au méridien de Greenwich, suivie de l'indication Est ou Ouest.

- **Le plus court chemin entre deux points à la surface de la Terre est l'arc du grand cercle qui les relie.**

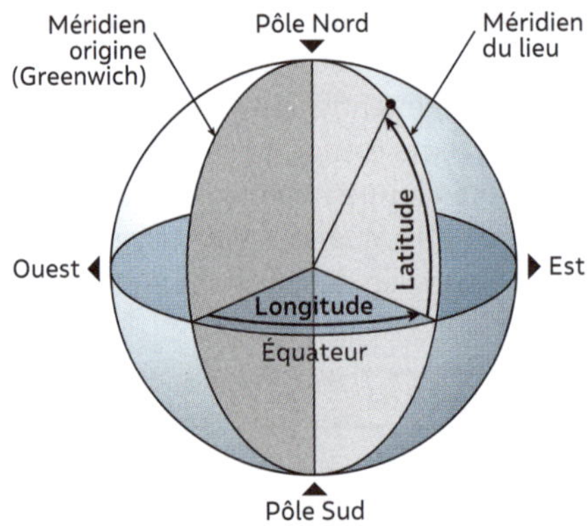

Savoir-faire

- Calculer la longueur d'un arc de méridien et d'un arc de parallèle.
- Comparer, à l'aide d'un système d'information géographique, les longueurs de différents chemins reliant deux points à la surface de la Terre.

1. Prévisions dogmatiques

- Pour déterminer l'âge de la Terre, les **premières prévisions** ne se fondaient **pas sur des faits scientifiques**. Par exemple, en 1654, **Ussher** a analysé des textes bibliques pour conclure que la Terre a été créée le **dimanche 23 octobre 4004 avant J.-C.**

> **Mot-clé**
> **Dogmatique :** ne s'appuyant pas sur des explications scientifiques.

2. Prévisions scientifiques fondées sur différentes théories

- Dès le XVIIIe siècle, les scientifiques ont utilisé des **arguments scientifiques**, mais ceux-ci se fondaient sur des **théories différentes** qui n'aboutissaient pas au même âge de la Terre, ce qui a entraîné des **controverses**.
- **Buffon** a modélisé la durée de refroidissement d'une Terre considérée comme initialement en fusion (arguments physiques). Il en a conclu en 1774 que l'âge de la Terre était d'environ **75 000 ans**.
- **Kelvin** a étudié la dissipation de l'énergie thermique pour calculer la durée nécessaire au refroidissement de la Terre depuis sa formation (arguments physiques). Il a déterminé en 1862 un âge de la Terre compris entre **20 et 100 millions d'années**.
- **Lyell** a estimé la durée nécessaire pour la formation des structures géologiques, comme les empilements sédimentaires (arguments géologiques). Il a estimé que l'âge de la Terre proposé par Lord Kelvin était trop faible pour expliquer ces processus géologiques et il a évalué en 1810 l'âge de la Terre à **plusieurs centaines de millions d'années**.
- **Darwin** a déterminé la durée nécessaire aux transformations lentes de l'évolution biologique qui ont abouti à la diversité actuelle des êtres vivants (arguments biologiques). Comme C. Lyell, il a estimé que l'âge de la Terre était forcément **supérieur à 300 millions d'années**.

> **Mot-clé**
> **Controverse :** échange d'arguments scientifiques valides a priori, conduisant à des résultats contradictoires.

3. Des controverses au consensus

- Pour aller **au-delà de ces controverses**, il a fallu attendre la découverte de la radioactivité en 1896 (**nouveau fait**) et l'invention des spectromètres de masse (**nouvelle technique**). Cela a en effet permis à Rutherford et Patterson d'utiliser de **nouvelles méthodes de datation fondées sur la radioactivité** pour calculer l'âge de la Terre.
- Un **consensus scientifique** a alors pu être trouvé sur l'âge de la Terre, en 1953, après deux siècles de controverses : en utilisant les lois de décroissance radioactive, l'âge de la Terre est aujourd'hui estimé à **4,57 milliards d'années**.

> **Mot-clé**
> **Consensus :** résultat compatible avec toutes les théories scientifiques.

Savoir-faire

- Interpréter des documents présentant des arguments historiques utilisés pour comprendre l'âge de la Terre.
- Identifier diverses théories impliquées dans la controverse scientifique de l'âge de la Terre.

1. Structure de l'Univers

- L'**Univers** contient environ **100 milliards de galaxies**, qui contiennent **chacune** environ **100 milliards d'étoiles**.
- Dans la Voie Lactée, le système solaire comporte essentiellement **une étoile, le Soleil**, **huit planètes** et leurs satellites naturels. La Terre est une de ces huit planètes, elle a un satellite naturel, la Lune.

Mot-clé :
Voie Lactée : galaxie comprenant le Système solaire.

- Observée dans un référentiel fixe par rapport aux étoiles, **la Terre parcourt une trajectoire quasi-circulaire autour du Soleil** en une année.
- **Le passage d'une conception géocentrique**, modèle dans lequel la Terre est au centre de l'Univers, **à une conception héliocentrique**, modèle dans lequel les planètes comme la Terre tournent autour du Soleil, constitue l'**une des controverses majeures** de l'histoire des sciences.

Savoir-faire

Interpréter des documents présentant des arguments historiques pour discuter la théorie héliocentrique.

2. Structure du système Terre-Lune-Soleil

- Observée dans un référentiel géocentrique, **la Lune tourne autour de la Terre sur une trajectoire quasi-circulaire** en 27 jours. Elle présente un aspect qui varie au cours de cette révolution. Ce sont les différentes **phases de la Lune** : nouvelle lune, premier quartier, pleine lune, dernier quartier.
- **La Lune tourne également sur elle-même** et **présente toujours la même face à la Terre**, car elle tourne sur elle-même en 27 jours également.

Mot-clé
Référentiel géocentrique : solide de référence formé par le centre de la Terre et des étoiles lointaines considérées comme fixes, auquel sont associés des repères d'espace et de temps.

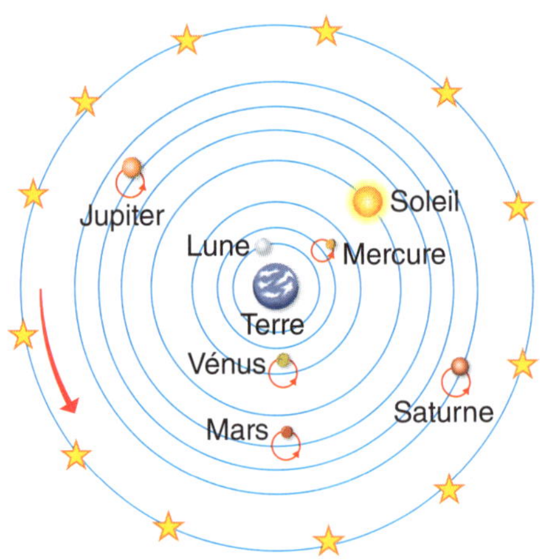

Phases de la Lune

Savoir-faire

Interpréter l'aspect de la Lune dans le ciel en fonction de sa position par rapport à la Terre et au Soleil.

1. Caractéristiques d'un son musical

● Si le signal périodique associé à un son musical est un signal dépendant du temps de façon **sinusoïdale**, le son est **pur**.

● Sinon, le son est **composé** : d'après le spectre de ce son, le signal de fréquence *f* associé à ce son musical se décompose en une **somme de signaux sinusoïdaux** de fréquences multiples de *f*. La fréquence *f* est appelée **fréquence fondamentale** et les autres fréquences sont appelées **harmoniques**.

Mot-clé
Spectre : représentation des fréquences des différents signaux sinusoïdaux qui constituent le signal associé au son.

● Un son musical est également caractérisé par son **niveau d'intensité sonore** *L*, mesuré avec un sonomètre. Ce niveau d'intensité sonore, exprimé en décibel (dB), est lié selon une **échelle logarithmique** à son **intensité sonore** *I*, qui correspond à la **puissance sonore par unité de surface** *P*, en watt par mètre carré ($W \cdot m^{-2}$), transportée par l'onde sonore.

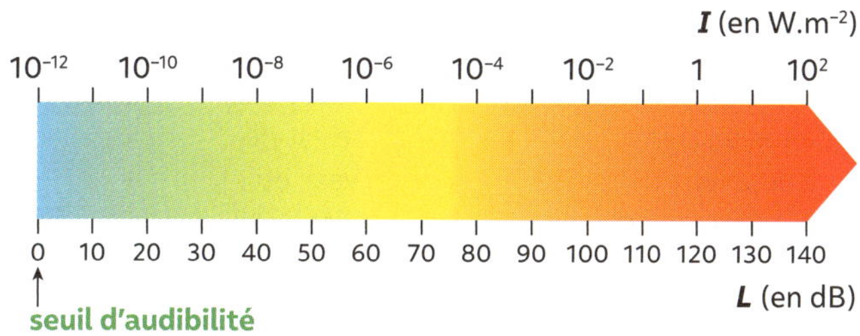

Intensité sonore *I* et niveau d'intensité sonore *L*

Savoir-faire

- Relier l'intensité sonore *I*, qui correspond à la puissance sonore par unité de surface *P*, et le niveau d'intensité sonore *L* exprimé en décibel.
- Utiliser un logiciel permettant de visualiser le spectre d'un son et de produire des sons purs et composés.

2. Instruments de musique

● Dans un **instrument à vent**, la **vibration de l'air dans un tuyau** permet la production d'un son composé.

● Dans un **instrument à cordes**, une **corde tendue** émet en **vibrant** un son composé dont la fréquence fondamentale *f*, en hertz (Hz), ne dépend que des caractéristiques de la corde :

$f = \frac{1}{2L} \times \sqrt{\frac{T}{\mu}}$, avec *L* la longueur de la corde en mètre (m), *T* la norme de la tension exercée sur la corde en newton (N) et μ la masse linéique de la corde en kilogramme par mètre ($kg \cdot m^{-1}$).

Mots-clé
Tension : force exercée sur une corde modélisant les contraintes subies par la corde à ses extrémités.
Masse linéique : masse par unité de longueur.

Savoir-faire

Relier qualitativement la fréquence fondamentale *f* du signal associé au son émis par un instrument à cordes et la longueur d'une corde vibrante.

FICHE 12 La musique ou l'art de faire entendre les nombres

1. Intervalle entre deux sons musicaux

- En musique, un **intervalle** entre deux sons est défini par le **rapport (et non la différence) de leurs fréquences fondamentales**.
- Deux sons dont les fréquences sont dans le rapport 2/1 correspondent à une **même note**, à deux hauteurs différentes. L'intervalle qui les sépare s'appelle une **octave**.
- Une **gamme** est une **suite finie de notes réparties sur une octave**.

2. Exemples de gammes

- Dans l'Antiquité, la construction des gammes était basée sur des fractions simples (2/1, 3/2, 4/3, etc.). En effet, des sons dont les fréquences sont dans ces **rapports simples** étaient alors considérés comme les seuls à être **consonants**.
- Par exemple, les gammes dites de Pythagore sont basées sur le **cycle des quintes** : si une nouvelle note n'est plus dans l'octave de la gamme, la fréquence du signal associé à cette note est divisée par 2 (saut d'une octave), ou 4 (2^2, saut de 2 octaves), etc.
- Pour des raisons mathématiques, un **cycle des quintes ne « reboucle » jamais** sur la note de départ. Cependant, les cycles de 5, 7 ou 12 quintes « rebouclent » presque. Pour les gammes associées, l'identification de la dernière note avec la première impose que l'une des quintes du cycle ne corresponde pas exactement à la fréquence 3/2, ce qui est dissonant.

Mots-clés

Consonants : se dit de sons musicaux agréables à l'oreille.

Quinte : intervalle entre deux fréquences de rapport 3/2.

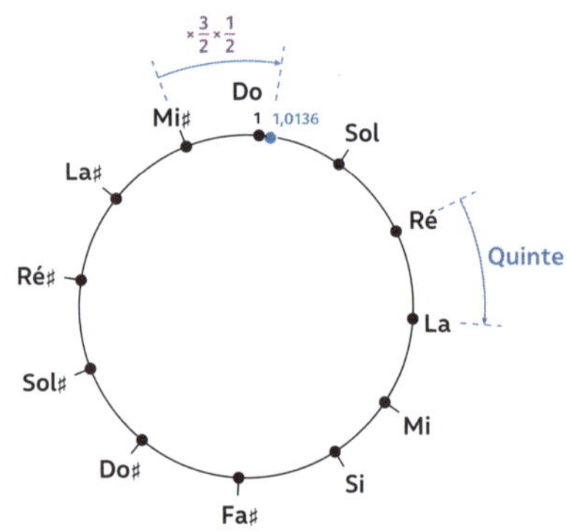

Quintes montantes à partir de Do et 12 notes

Cycle des quintes

Savoir-faire

- Calculer des puissances et des quotients en lien avec le cycle des quintes.
- Mettre en place un raisonnement mathématique pour prouver que le cycle des quintes est infini.

3. Transposition

- Les **intervalles** entre deux notes consécutives des gammes dites de Pythagore ne sont **pas égaux**, ce qui **entrave la transposition**, c'est-à-dire le décalage de toutes les notes d'un morceau de musique d'un même intervalle, afin que l'œuvre musicale puisse être jouée par un autre instrument que celui prévu initialement.
- La **connaissance des nombres irrationnels** a permis de construire des **gammes à intervalles égaux**, appelées également gammes tempérées ou gammes au tempérament égal, afin de **faciliter la transposition**.

Mot-clé

Nombre irrationnel : nombre qui ne peut pas être mis sous la forme d'un rapport entre deux nombres entiers, par exemple $\sqrt[12]{2} = 2^{\frac{1}{12}}$.

Savoir-faire

Utiliser la racine douzième de 2 pour partager l'octave en 12 intervalles égaux afin de construire une gamme tempérée.

1. Numérisation d'un son

Mot-clé

Fréquence d'échantillonnage f_E, en hertz (Hz) : nombre de mesures par seconde.

• Le son, vibration de l'air, peut être enregistré sur un support informatique. Pour numériser un son, on procède alors à la **discrétisation** du signal analogique sonore. Cette discrétisation s'effectue en deux étapes : l'**échantillonnage** et la **quantification**.

• Lors de l'**échantillonnage**, le signal analogique continu est **mesuré périodiquement pour ne retenir qu'un nombre limité de valeurs**. La reproduction fidèle du signal analogique nécessite une **fréquence d'échantillonnage f_E au moins double de la fréquence fondamentale f** du signal associé au son.

• Lors de **la quantification**, la **valeur prélevée** est **comparée à un nombre fini de valeurs**. La valeur la plus proche de la valeur mesurée du signal analogique est attribuée à l'échantillon pendant la durée T_E. Chaque valeur correspond à un **code numérique défini** suivant le nombre de bits de la carte d'acquisition du son. Le nombre de valeurs est d'autant plus grand que le nombre de bits de la carte d'acquisition du son est élevé.

• Plus la **fréquence d'échantillonnage** f_E est **élevée**, plus la **quantification** est **fine**, et plus la **numérisation** est **fidèle**, mais plus la **taille du fichier audio** est **grande**.

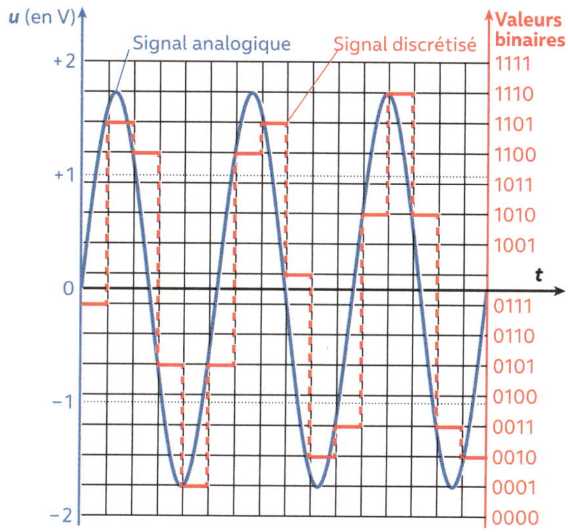

Discrétisation d'un signal analogique avec une résolution de 4 bits

Savoir-faire

- Justifier le choix des paramètres de numérisation d'un son.
- Estimer la taille d'un fichier audio.

2. Compression de données audio

• La **compression** consiste à **diminuer la taille d'un fichier audio** afin de **faciliter son stockage et sa transmission**.

• Les techniques de compression spécifiques au son, dites « avec perte d'information », **éliminent** les **informations sonores** auxquelles **l'oreille est peu sensible**.

Remarque

La taille d'un fichier audio est mesurée le plus souvent en mégaoctet (Mo) :

1 Mo = 10^6 octets

1 Mo = 8×10^6 bits.

Savoir-faire

- Calculer un taux de compression, qui peut être défini par le rapport entre la taille du fichier audio après la compression et la taille du fichier audio avant la compression.
- Comparer des caractéristiques et des qualités de fichiers audio compressés.

FICHE DE SYNTHÈSE

FICHE 14 Entendre la musique

1. Canalisation et amplification du son

- **L'oreille externe canalise les sons du milieu extérieur vers le tympan.** Cette membrane vibrante transmet ces vibrations jusqu'à l'oreille interne par l'intermédiaire de l'oreille moyenne.
- Les **osselets** de l'oreille moyenne amplifient les vibrations du tympan.

Remarque
Un tympan percé vibre mal et peut être cause de surdité.

Savoir-faire
Relier l'organisation de l'oreille externe et de l'oreille moyenne à la réception et à la transmission de la vibration sonore.

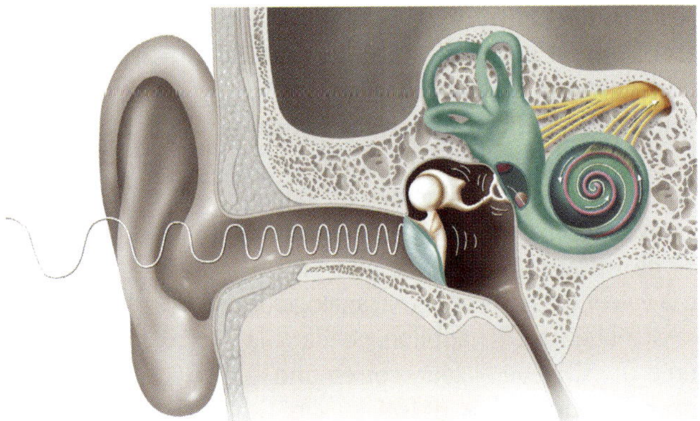

2. Conversion des sons en messages nerveux traités par le cerveau

- Dans l'oreille interne, des structures cellulaires (cils vibratiles) entrent en résonance avec les **vibrations reçues** et les traduisent en un **message nerveux** qui se dirige vers le cerveau.
- Des **aires cérébrales spécialisées** reçoivent les messages nerveux auditifs. Certaines permettent, après apprentissage, l'interprétation de l'univers sonore (parole, voix, musique, etc.).

Vocabulaire
Une aire cérébrale est une partie du cerveau qui traite des messages nerveux.

Savoir-faire
Interpréter des données d'imagerie cérébrale relatives au traitement de l'information sonore.

3. L'oreille interne, un organe sensoriel performant mais fragile

- L'être humain peut percevoir des sons de niveaux d'intensité approximativement compris **entre 0 et 120 dB**. Les **sons audibles par les humains** ont des **fréquences comprises entre 20 et 20 000 Hz**. Avec l'âge, les sons aigus (ceux dont la fréquence est la plus élevée) sont moins bien perçus.
- Les **cils vibratiles** sont fragiles et facilement endommagés par des sons trop intenses. Les dégâts sont alors irréversibles et peuvent causer une surdité.
- Les médecins indiquent qu'une oreille humaine ne peut pas supporter plus de 2 heures de musique à plus de 85 dB sans dommage.

Vocabulaire
Ne confondez pas intensité et fréquence d'un son.

Savoir-faire
- Relier la structure des cellules ciliées à la perception du son et à la fragilité du système auditif.
- Relier l'intensité du son au risque encouru par l'oreille interne.

Les mêmes verbes d'action sont souvent utilisés dans les capacités attendues des différents chapitres et dans les énoncés des exercices. Les définir est important pour comprendre précisément ce qui est demandé.

Verbe d'action	Définition et conseils de rédaction de la réponse
Associer	Mettre en relation des connaissances et/ou des informations données dans des documents.
Calculer	Donner le résultat numérique avec son unité en mettant en évidence les différentes étapes du calcul.
Citer	Indiquer, donner la valeur d'une grandeur.
Comparer	Mettre en relation plusieurs objets : – de façon qualitative : identifier les points communs et les différences ; – de façon quantitative : calculer un rapport entre deux grandeurs et en interpréter le résultat.
Critiquer	Justifier dans quelle mesure une proposition est vraie ou fausse, expliquer en quoi elle est vraie ou fausse.
Décrire	Communiquer une information sous forme d'un texte, d'un schéma, de valeurs numériques, etc.
Déduire	Utiliser les informations ou réponses précédentes pour répondre à la question.
Définir	Restituer des connaissances en utilisant un vocabulaire scientifique.
Distinguer	Différencier des objets, des caractéristiques, des phénomènes, etc.
Donner, indiquer	Fournir une information sans justification.
Estimer	Calculer ou mesurer un ordre de grandeur ou une valeur approchée d'un résultat.
Établir	Relier différentes informations pour construire un résultat.
Évaluer	Calculer ou mesurer une valeur numérique.
Expliquer, interpréter	Mobiliser des connaissances et/ou utiliser des données pour justifier un résultat, un protocole, un spectre, etc.
Exploiter	Mobiliser des connaissances pour tirer des informations d'un ensemble de données (graphiques, valeurs, équations chimiques, relations mathématiques, textes, etc.).
Exprimer	Donner l'expression littérale, scalaire ou vectorielle d'une grandeur.
Formuler (reformuler)	Proposer, en exprimant le doute, une explication, une valeur, une observation avant de réaliser une expérience ou de consulter les documents.
Identifier	Mobiliser des connaissances, utiliser des données ou effectuer des calculs pour extraire des informations.

Verbe d'action	Définition et conseils de rédaction de la réponse
Justifier, montrer, vérifier	Mettre en œuvre un raisonnement, sans se contenter de décrire, pour expliquer pourquoi la proposition énoncée est vraie.
Modéliser	Proposer un modèle (sous forme d'une relation mathématique, d'un schéma, d'une équation de réaction, etc.) permettant d'analyser des phénomènes réels et de prévoir des résultats à partir de l'application d'une théorie à un niveau d'approximation donné.
Proposer une démarche	Donner les différentes étapes à suivre de **façon ordonnée** (numéroter, mettre des tirets ou utiliser des indicateurs temporels : d'abord, ensuite, puis, enfin), ainsi que le matériel, les mesures et les calculs éventuels nécessaires pour mener à bien la démarche.
Proposer un protocole, une expérience	Donner les différentes étapes à suivre de façon ordonnée. Préciser : – les gestes opératoires par des verbes d'action (ajouter, mettre, prélever...) ; – le matériel et les instruments de mesure utilisés par des compléments circonstanciels de moyen (à l'aide de, avec...) ; – les produits chimiques et leurs quantités s'il y en a besoin dans le protocole ; – les mesures effectuées. Dans le cadre d'une démarche d'investigation, préciser les résultats attendus et l'interprétation à en donner.
Réaliser une synthèse	Résumer ce qui a été vu dans l'ensemble de l'activité ou de l'exercice, à l'écrit ou à l'oral.
Recueillir	Extraire des informations d'un ensemble de données (graphiques, valeurs, équations chimiques, relations mathématiques, textes, etc.).
Représenter	Organiser l'information sous une forme adaptée (schéma accompagné de sa légende, tableau...).
Schématiser	Représenter de façon claire et lisible une situation en suivant les codes associés (schémas légendés ou symboles normalisés en électricité par exemple).
Utiliser	Appliquer une loi, un principe, une relation.
Valider (ou invalider) une hypothèse	Revenir sur une situation initiale après avoir réalisé une expérience ou s'être documenté pour vérifier la compatibilité entre la proposition initiale et les résultats.
Pratiquer une démarche expérimentale	Proposer un protocole expérimental, le mettre en œuvre et exploiter les résultats obtenus.

FICHE 2 Analyser un tableau de données ou un graphique

• **Un graphique** représente des données chiffrées d'une grandeur en fonction d'une autre grandeur, principalement sous forme d'une courbe d'évolution.
• **Un tableau** donne des valeurs de grandeurs correspondant à différents paramètres, décrits en haut de la colonne et /ou à gauche de la ligne.

→ Exemple

DOC. 1 Résultats d'analyse de l'eau d'un village

Paramètre	Valeur	Limite de qualité	Référence de qualité
Ammonium (ion NH_4^+)	< 0,04 mg/L		⩽ 0,1 mg/L
Nitrates (ion NO_3^-)	65 mg/L	⩽ 50 mg/L	
Nitrites (ion NO_2^-)	< 0,02 mg/L	⩽ 0,5 mg/L	
Température de l'eau	10,0 °C		25 °C
pH	8,05 unité pH		⩾ 6,5 et ⩽ 9 unité pH

DOC. 2 Rendement relatif d'un champ de pommes de terre en fonction de la dose d'azote appliquée lors de la plantation

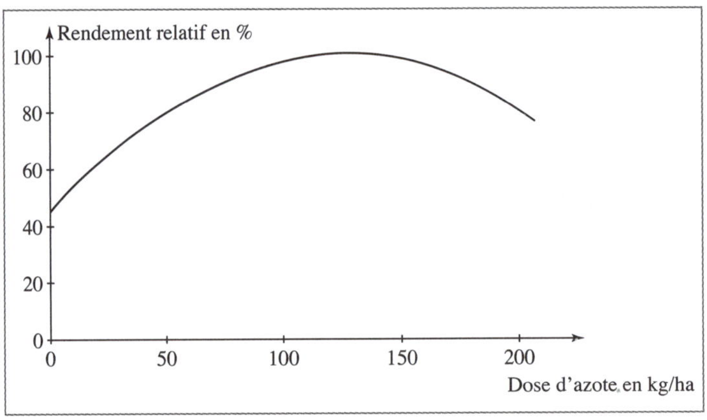

Question :
Un agriculteur du village utilise 175 kg/ha d'azote pour ses cultures de pommes de terre. Utilisez les documents ci-avant pour le convaincre de diminuer cet apport d'azote aux cultures.

Application

A Analyser le tableau

1. Identifier la grandeur (il peut y en avoir plusieurs).
→ Ici, on a des concentrations massiques (en mg/L), des températures (en °C) et des valeurs de pH.

2. Repérer les données utiles pour répondre à la question (il y a souvent plus d'informations que nécessaire).
→ Ici, ce sont les lignes donnant les concentrations massiques des espèces chimiques contenant de l'azote N : ammonium (ion NH_4^+), nitrates (ion NO_3^-) et nitrites (ion NO_2^-).

3. Analyser la signification des valeurs données en étudiant la ligne et les colonnes associées à chaque case.
→ Le tableau donne les valeurs des concentrations massiques des espèces chimiques contenant de l'azote dans l'eau du village et les valeurs limites ou de référence associées.

B Analyser le graphique

1. Noter les grandeurs portées en abscisse et en ordonnée, ainsi que leur éventuelle unité.
→ Le DOC. 2 est une courbe d'évolution décrivant le rendement relatif d'un champ de pommes de terre (en %) en fonction de la dose d'azote appliquée (en kg/ha).

2. Repérer les valeurs importantes pour répondre à la question posée.
→ Ici, on observe que le paysan utilisant 175 kg/ha d'azote pour ses cultures de pommes de terre obtient un rendement relatif pour son champ de 90 %.

C Corrigé

Monsieur l'agriculteur,
D'après le DOC. 1, l'eau de votre village est impropre à la consommation, car elle contient trop de nitrates (65 mg/L alors que la dose maximale est de 50 mg/L), provenant notamment de l'azote appliqué sur votre champ.
Pour votre intérêt et pour celui de tout le village, je vous conseille d'appliquer à votre prochaine plantation une dose d'azote moindre, égale à 125 kg/ha car, d'après le DOC. 2, cela optimiserait le rendement de votre champ de pommes de terre tout en réduisant la pollution azotée.

Le piège à éviter
Le graphique montre bien que le rendement d'un champ n'est pas proportionnel à la dose d'engrais (d'azote) appliquée lors de la plantation.

1. Comment aborder une résolution de problème ?

• La résolution de problème peut s'appuyer sur quelques questions préliminaires, suivies ou précédées d'un énoncé précisant le problème posé. Le sujet est accompagné d'un ou de plusieurs documents scientifiques.

• Pour traiter le sujet, il est nécessaire de répondre d'abord aux questions préliminaires éventuellement posées. En effet, les réponses à ces questions sont toujours une aide pour la résolution du problème. La rédaction de la résolution de problème doit ensuite être présentée sous forme d'une réponse organisée et pertinente, s'appuyant sur une argumentation scientifique accompagnée le plus souvent de calculs ou de schémas.

2. Comment résoudre un problème ?

Voici une méthode de travail permettant de résoudre un problème.

A Lire le sujet

• Commencer par lire soigneusement l'énoncé, puis les questions posées. Repérer les mots-clés de la problématique.

• Étudier les documents en repérant les graphiques, les schémas ou les photographies, les informations utiles à la résolution du problème.

Conseil

Les mots-clés peuvent être :
– les verbes d'action employés (estimer, évaluer, comparer, etc.) ;
– les informations à rechercher dans les documents ;
– les données à utiliser ;
– etc.

B Répondre aux questions préliminaires

• Répondre directement sur la copie aux éventuelles questions préliminaires en reliant les informations données dans les documents aux connaissances et en effectuant les calculs nécessaires.

C Travailler au brouillon

• Reformuler la problématique au brouillon pour bien la comprendre.

• Noter au brouillon les informations des différents documents en rapport avec la consigne.

• Relever les grandeurs qui permettent de répondre à la problématique et associer un symbole à chaque grandeur physique.

• Relier les informations données dans les documents aux connaissances nécessaires à la résolution du problème.

• Identifier les données manquantes et déterminer leur ordre de grandeur si nécessaire.

• Décrire les principales étapes de la démarche à suivre pour résoudre le problème, soit sous forme de schéma, soit en dressant une liste des opérations à effectuer. Chaque opération doit être décrite par une phrase commençant par un verbe à l'infinitif (calculer, évaluer, faire la moyenne, etc.), dans laquelle les grandeurs physiques nécessaires sont identifiées précisément.

D Rédiger

• Rédiger avec soin la résolution du problème.

• Insérer les calculs notant les relations littérales avant d'effectuer les applications numériques.

• Ne pas oublier de critiquer ou de valider le résultat trouvé même si cela n'est pas demandé.

Étapes-clés

1. Reformuler la problématique.
2. Repérer les informations pertinentes des différents documents, ainsi que les données manquantes.
3. Établir une démarche de résolution en reliant ses connaissances aux informations recueillies.
4. Résoudre le problème en utilisant un vocabulaire scientifique précis.

De nombreux logiciels existent pour enregistrer un son. L'un des plus simples d'utilisation est le logiciel libre Audacity. Il permet d'enregistrer et d'analyser un son, mais aussi d'importer et d'exporter des données en plusieurs formats (mp3, wav, etc.).

1. L'enregistrement

- Pour enregistrer un son avec Audacity, il suffit que l'ordinateur utilisé soit équipé d'une carte son avec au moins une entrée microphone.

Conseils

- En enregistrant le son en mono, il n'y a qu'une seule piste, et l'exploitation est plus facile.
- En cas de saturation (amplitude trop grande), baisser le niveau du micro.
- Une fréquence d'échantillonnage de 44 100 Hz est souvent adaptée.

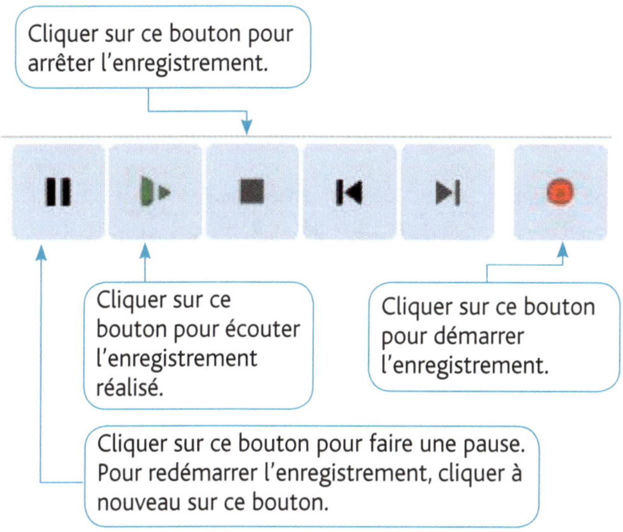

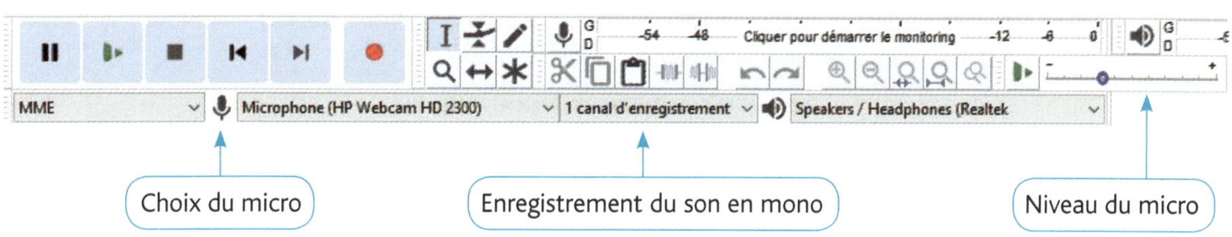

2. Le stockage

- Le son enregistré peut être stocké, par exemple sous la forme d'un fichier .mp3 ou .wav. Pour cela, aller dans le menu :

Fichier > Exporter > Exporter en MP3

Remarque. Il est possible de paramétrer un niveau de déclenchement pour enregistrer un son. Cette option est activée dans le menu :

Transport > Options de transport > Enregistrement automatique (marche/arrêt)

Le réglage du niveau de déclenchement est accessible par :

Niveau d'enregistrement automatique

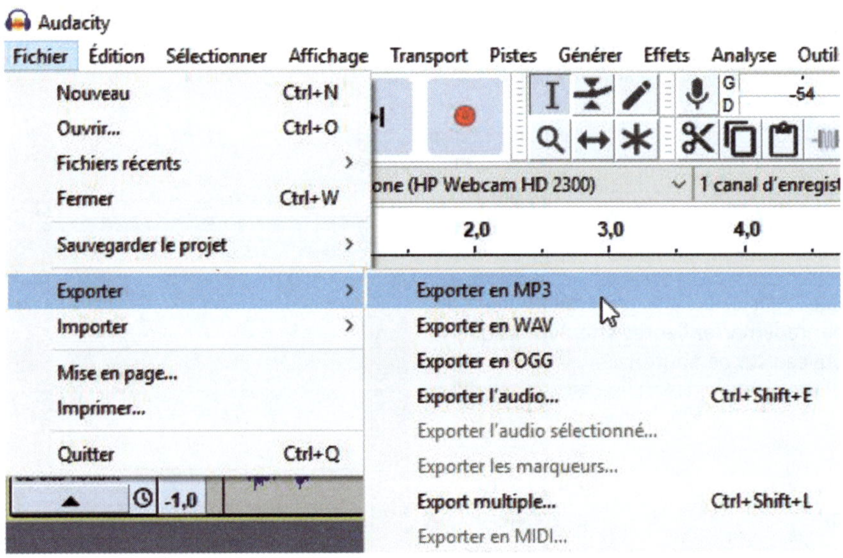

Capture d'écran du logiciel Audacity

1. Applications pour appareils mobiles

● Il existe des applications pour appareils mobiles (smartphone, tablette) qui donnent accès aux mesures effectuées par les capteurs qu'ils contiennent : accéléromètre, GPS, gyroscope, boussole, micro, capteur lumineux, etc.

● Des mesures instantanées ou des séries de mesures peuvent être prélevées à la demande, avec un intervalle de temps réglable entre deux mesures.

● Les résultats sont affichés directement sur l'écran de l'appareil mobile, éventuellement sous forme de graphiques en fonction du temps ; il est également possible de les transférer sur un autre appareil, soit par une liaison sans fil, soit par l'envoi d'un fichier (.xls ou .csv) en fin d'acquisition.

● Les activités expérimentales possibles sont diverses : étude des oscillations d'un pendule, des rebonds d'une balle, d'un mouvement rectiligne, mesure de la fréquence d'un signal sonore, etc.

Remarque
Ces applications permettent de faire de l'instrumentation, c'est-à-dire de la récupération de mesures, mais elles n'ont pas pour objectif de traiter les données.

2. Phyphox

● L'application gratuite Phyphox permet de récupérer facilement toutes les données utiles des capteurs présents dans une tablette ou un smartphone.

Téléchargement et présentation de l'application Phyphox : phyphox.org

Accéléromètre

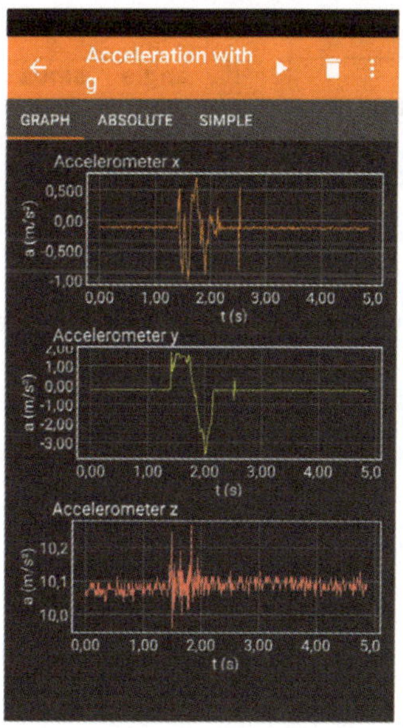

Étude des rebonds d'une balle

Mesure de la fréquence d'un signal sonore

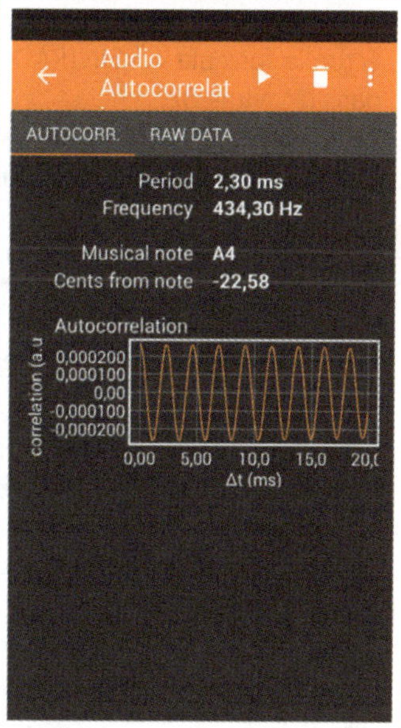

FICHE 6 Utiliser un tableur-grapheur

1. Présentation

- Un tableur-grapheur est un logiciel qui permet de créer et de manipuler des tableaux de données.
- À l'ouverture du logiciel (LibreOffice, Excel, etc.), apparaît sur l'écran une feuille de calcul composée de lignes et de colonnes formant des cellules.
- Chaque cellule est repérée par sa position par rapport aux lignes et aux colonnes.

B4 | fx Σ = | 18

	A	B	C
1	0	0	
2	10	1	
3	20	9	
4	30	18	
5			

Exemple :
Le nombre 18 est dans la cellule B4.

2. Calculs dans un tableur

- Un tableur est un logiciel de calcul qui possède de nombreuses fonctions mathématiques pré-programmées.

→ Exemple de calcul simple

1. Dans la cellule sélectionnée, écrire une formule qui commence toujours par le signe =.
2. Un appui sur la touche Entrée valide le calcul et le résultat de l'opération s'affiche. « =A3+B4 » est remplacé par 38.
Le résultat est modifié automatiquement si le contenu des cellules A3 ou B4 est modifié.

	A	B
1	0	0
2	10	1
3	20	9
4	30	18
5		=A3+B4

	A	B
1	0	0
2	10	1
3	20	9
4	30	18
5		38

→ Exemple de calcul utilisant la fonction sinus

Objectif : afficher dans la colonne B le sinus des angles de la colonne A.
1. À l'aide du menu Insertion/Fonction, écrire la formule « =SIN(RADIANS(A2)) » dans la cellule B2.
2. Recopier le contenu de la cellule B2 dans les autres cellules de la colonne B.

	A	B	C
1	angle	sinus	
2		=SIN(RADIANS(A2))	
3	10		
4	20		
5	30		

	A	B
1	angle	sinus
2	0	0
3	10	0,17
4	20	0,34
5	30	0,50

3. Représentation des graphiques

- Associé au tableur, le grapheur permet de représenter sous forme graphique des données numériques. On utilise le menu Insertion/Diagramme ou Graphique.

→ Exemple

Objectif : représenter graphiquement *d* en fonction de *t*.
1. Sélectionner la zone à représenter.
2. Choisir un mode de représentation.
3. Pour obtenir la droite moyenne, utiliser le menu Graphique/Ajouter une courbe de tendance.

Conseils
À vérifier afin d'éviter les erreurs :
– toutes les valeurs ont été saisies ;
– les axes des abscisses et des ordonnées n'ont pas été inversés ;
– le graphique et les axes comportent chacun un titre ;
– les unités des axes sont précisées ;
– une légende est présente ;
– le graphique est lisible : les données sont bien mises en évidence et les textes écrits suffisamment gros.

	A	B
1	t	d
2	0,04	0,40
3	0,08	0,80
4	0,12	1,35
5	0,16	1,75
6	0,20	2,10
7	0,24	2,55
8	0,28	3,05
9	0,32	3,40

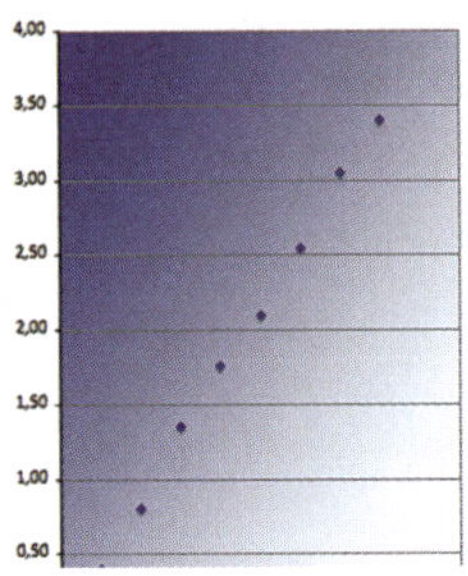

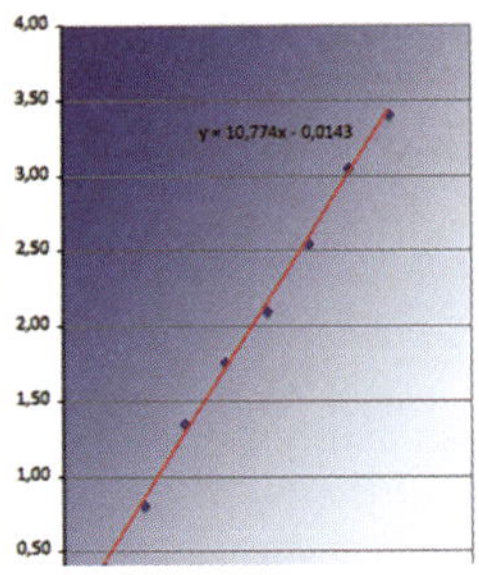

Il est possible d'effectuer la synthèse d'une activité expérimentale ou documentaire, à l'écrit en rédigeant un compte-rendu, ou à l'oral en présentant un court exposé, seul ou à plusieurs. Dans ces deux cas, il est nécessaire de reprendre les différentes étapes qui ont permis de résoudre la problématique posée dans l'activité.

1. Rappeler le contexte et la problématique

• Dans un premier temps, expliquer quels sont le contexte et le problème scientifique à résoudre lors de l'activité.

Conseil
Bien prendre le temps d'expliquer le (ou les) objectif(s) de l'activité avant de chercher à résoudre la problématique.

2. Élaborer le protocole de résolution de la problématique

• Proposer une ou plusieurs explications possibles au problème posé.
• Dans le cadre d'une activité expérimentale, présenter la démarche permettant de tester des hypothèses. Pour cela, décrire l'expérience réalisée en indiquant :
➜ la liste du matériel ;
➜ les règles de sécurité à mettre en œuvre ;
➜ le schéma du montage ;
➜ les différentes étapes à suivre ;
➜ les calculs éventuels à effectuer ;
➜ les résultats attendus pour valider ou invalider les hypothèses.

Conseils
• Dans le cas d'un exposé oral, préparer un support visuel présentant le schéma légendé du montage afin de décrire le plus précisément possible le protocole expérimental.
• Le schéma légendé peut être réalisé soigneusement à la main, puis scanné ou photographié pour l'insérer dans le fichier de présentation.
• Si le protocole expérimental est déjà donné, reprendre les étapes importantes du protocole et les justifier.

3. Résoudre la problématique et présenter des résultats

• Répondre à la problématique en effectuant les calculs nécessaires ou en mettant en évidence les relations entre les différentes grandeurs étudiées.
• Dans le cadre d'une activité expérimentale, après avoir réalisé l'expérience, présenter les résultats expérimentaux sous forme d'un schéma, d'un tableau de valeurs, d'un graphique... en n'oubliant pas de noter les unités des grandeurs mesurées et en réfléchissant au nombre de chiffres significatifs.

Remarque
Même si c'est quelquefois le cas, deux grandeurs ne sont pas toujours proportionnelles entre elles !

4. Conclure

• Comparer éventuellement le résultat obtenu avec une valeur de référence en tenant compte des incertitudes de mesure.
• Valider ou invalider les hypothèses en justifiant votre réponse afin de répondre au problème posé.
• Dans le cadre d'une activité expérimentale, proposer des pistes pour améliorer la précision des mesures effectuées.

FICHE 8 Préparer un exposé oral

Un exposé oral doit être préparé soigneusement. Voici une méthode de travail possible.

1. Le travail de recherche

- Avant de débuter le travail de recherche, établir la liste des données et des informations manquantes pour mener à bien le projet à exposer à l'oral.
- Se familiariser avec les différents lieux et moyens de recherche : Internet, le CDI, les bibliothèques et les médiathèques…
- Il est indispensable de toujours vérifier les données trouvées sur Internet en recoupant les sources et en s'assurant de leur fiabilité.

Conseil
Le professeur documentaliste est présent au CDI pour vous aider dans toutes vos recherches. Ne surtout pas hésiter à lui poser des questions !

2. La préparation de la présentation orale

- Établir un plan logique et cohérent, visant à répondre à la problématique, sans oublier l'introduction et la conclusion. Il faudra en effet souvent justifier ce plan le jour de l'exposé oral.
- Réfléchir à la forme de l'exposé dès le commencement du projet. Par exemple, si un poster, une affiche ou un diaporama est prévu, il faudra utiliser des photographies, des schémas ou des graphiques pour l'illustrer. Si c'est un diaporama, il faudra privilégier la simplicité et la clarté en n'écrivant que les points essentiels et les mots-clés et pas des phrases entières.
- Anticiper les questions : imaginer les questions qui pourraient être posées à la fin de l'exposé et en dresser une liste. Il faut être capable de répondre à toutes ces questions !

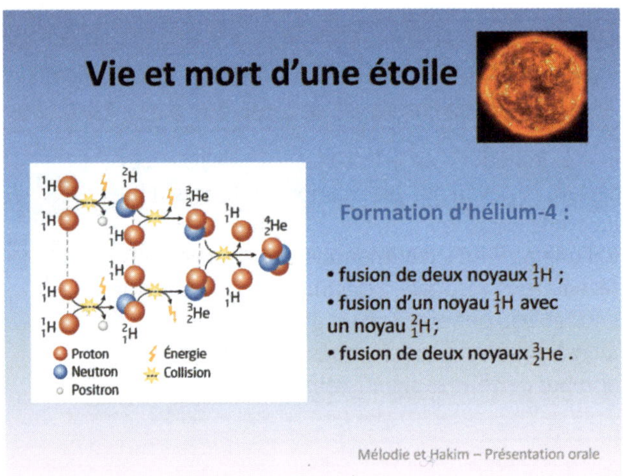

Exemple de présentation simple : un titre, une image et quelques points essentiels.

1. Trigonométrie dans un triangle rectangle

- Soit *ABC* un triangle rectangle en *B*.

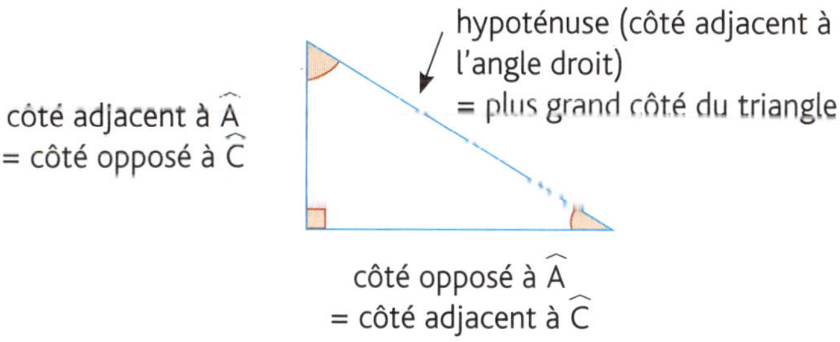

- Dans un triangle rectangle *ABC* où x est l'un des deux angles aigus, le cosinus (cos), le sinus (sin) et la tangente (tan) d'un angle aigu sont définis par :

$$\cos x = \frac{\text{côté adjacent à } x}{\text{hypoténuse}}$$

$$\sin x = \frac{\text{côté opposé à } x}{\text{hypoténuse}}$$

$$\tan x = \frac{\text{côté opposé à } x}{\text{côté adjacent à } x}$$

Remarque
L'hypoténuse étant le plus grand côté du triangle, le cosinus et le sinus d'un angle aigu sont des nombres inférieurs à 1.

2. Fonction

- En mathématiques, définir une fonction f sur un ensemble de définition D consiste à associer à chaque nombre x de D un unique nombre y. Ce nombre y s'appelle l'**image de x par la fonction f**. On le note aussi **$f(x)$** qui se lit « f de x ».
- La **représentation graphique d'une fonction** permet d'associer à chaque couple $(x, y = f(x))$ un point d'abscisse x et d'ordonnée $y = f(x)$.
- Dans l'enseignement scientifique, la variable x est souvent une grandeur physique. On préfère lui substituer une lettre qui évoque ce paramètre, par exemple la lettre t pour le temps. De la même manière, la fonction est souvent une grandeur physique, par exemple une tension électrique U. La tension électrique U en fonction du temps est alors notée $U(t)$ et la représentation graphique de la fonction fait apparaître l'unité de t en abscisse et l'unité de U en ordonnée.

→ **Exemple**

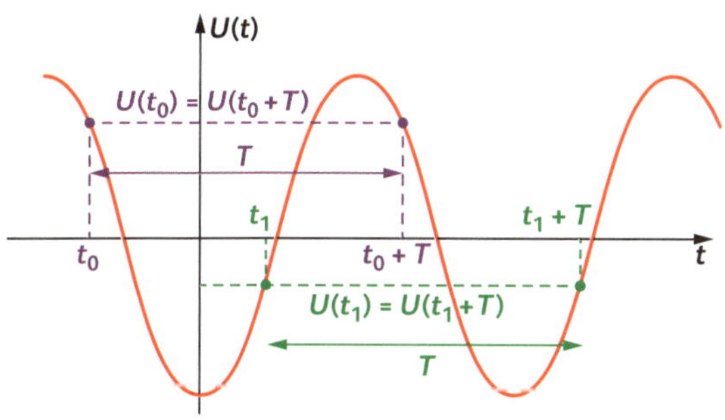

- La tension électrique U en fonction du temps, notée $U(t)$, est une fonction sinusoïdale. Elle est périodique de période T car, pour toute valeur de t (t_0, t_1, t_2, etc.), $U(t + T) = U(t)$, avec T la plus petite valeur positive ayant cette propriété.

1. Définitions

- Deux séries de nombres ou deux grandeurs sont **proportionnelles** si on peut passer de l'une à l'autre en **multipliant** ou en **divisant** la première par une **même constante non nulle**. Dans le cas où l'on multiplie, ce facteur constant est appelé **coefficient de proportionnalité**.
- Si la grandeur y est proportionnelle à la grandeur x, alors la fonction qui associe x à y est une **fonction linéaire : $y = ax$**, a étant le coefficient de proportionnalité. La représentation graphique de cette fonction est **une droite qui passe par l'origine** du repère et de coefficient directeur a.

→ Exemple

La distance d parcourue par un corps se déplaçant à une vitesse de valeur constante v pendant une durée Δt est : $d = v \times \Delta t$.
On dit alors que d et Δt sont proportionnelles, de coefficient de proportionnalité v.

2. Égalité des rapports

- **L'égalité des rapports** entre différentes valeurs de deux grandeurs proportionnelles est au cœur de la proportionnalité, le coefficient de proportionnalité étant défini comme le quotient des deux grandeurs.

→ Exemple

Évolution de la distance d parcourue par une voiture, modélisée par un point matériel, en fonction de la durée Δt du parcours.

Représentation sous forme de tableau

Distance d parcourue (en km)	0	80	160	240
Durée Δt du parcours (en h)	0	1,0	2,0	3,0

$\times\ v = 80\ \text{km}\cdot\text{h}^{-1}$ coefficient de proportionnalité

Représentation graphique

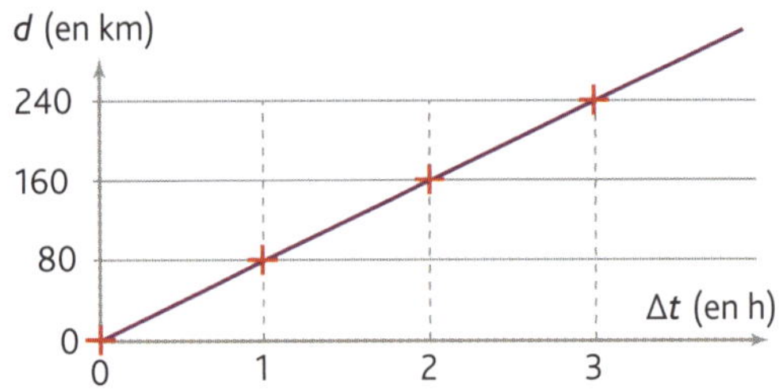

Représentation algébrique

$$v = \frac{d}{\Delta t} = \frac{80\ \text{km}}{1{,}0\ \text{h}}$$

$$v = \frac{160\ \text{km}}{2{,}0\ \text{h}}$$

$$v = \frac{240\ \text{km}}{3{,}0\ \text{h}}$$

$$v = 80\ \text{km}\cdot\text{h}^{-1}$$

Conseils
- Écrire les unités dans les calculs intermédiaires peut être utile, mais ce n'est pas du tout obligatoire.
- L'unité est en revanche indispensable dans l'écriture finale du résultat.

1. Simplification des puissances de 10

- Il arrive souvent de faire des erreurs en tapant une application numérique trop complexe sur une calculatrice. Il est donc parfois préférable de **simplifier l'application numérique avant de la taper sur la calculatrice**.
- Pour toutes valeurs de a et b, positives, négatives ou nulles, on a :

$$10^a \times 10^b = 10^{a+b} \quad \text{et} \quad \frac{10^a}{10^b} = 10^{a-b}$$

Comme $10^0 = 1$, on peut également écrire : $\frac{1}{10^b} = 10^{-b}$.

Rappel
Lorsque plus de deux grandeurs sont multipliées entre elles, on peut les commuter :
$a \times b \times c = a \times c \times b$
$= b \times c \times a$, etc.

2. Analyse des unités

- Pour une unité U donnée et pour toutes valeurs de a et b, positives, négatives ou nulles :

$$U^a \cdot U^b = U^{a+b} \text{ et } \frac{U^a}{U^b} = U^{a-b}$$

U^0 correspond à une absence d'unité.

→ Exemple 1

La distance d parcourue par un satellite ayant une valeur de vitesse $v = 2{,}0 \times 10^3\ \text{m} \cdot \text{s}^{-1}$ pendant la durée $\Delta t = 4{,}0 \times 10^2$ s est $d = v \times \Delta t$.

A. N. : $d = 2{,}0 \times 10^3\ \text{m} \cdot \text{s}^{-1} \times 4{,}0 \times 10^2\ \text{s}$

$d = 2{,}0 \times 4{,}0 \times 10^{3+2}\ \text{m} \cdot \cancel{\text{s}^{-1}} \cdot \cancel{\text{s}}$

$d = 8{,}0 \times 10^5$ m.

→ Exemple 2

La présence des unités dans les calculs facilite les conversions.
Par exemple, pour une voiture se déplaçant à une vitesse $v = 72\ \text{km} \cdot \text{h}^{-1}$:

$v = 72\ \text{km} \cdot \text{h}^{-1}$

$v = \frac{72\ \text{km}}{1\ \text{h}}$

$v = \frac{72\ \text{km} \times 10^3\ \text{m}}{3\,600\ \text{s}}$

$v = \frac{72 \times \cancel{10^3}\ \text{m}}{3{,}6 \times \cancel{10^3}\ \text{s}}$

$v = \frac{20\ \text{m}}{1\ \text{s}} = 20\ \text{m} \cdot \text{s}^{-1}$

Conseils
- Écrire les unités dans les étapes intermédiaires d'une application numérique n'est pas obligatoire, mais c'est toutefois un outil très utile.
- L'unité est en revanche indispensable dans l'écriture du résultat final.

Savoir-faire
- Écrire entièrement le calcul numérique à réaliser sur sa copie, en précisant éventuellement les unités si cela peut aider.
- Sur sa copie, simplifier le plus possible les puissances de 10 et les unités.
- Si le calcul restant est très simple, le réaliser mentalement ; sinon, le taper sur une calculatrice.
- Écrire le résultat final, sans oublier l'unité, et le mettre en évidence en l'encadrant ou en le soulignant.

1. Échelle linéaire

• Une **échelle linéaire** est une échelle dans laquelle deux graduations dont les **différences valent la même valeur** sont à **distance constante**.

→ Exemple 1

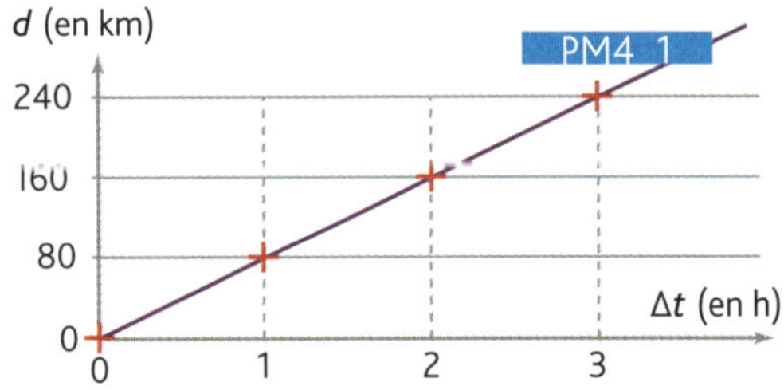

L'échelle de la représentation graphique p. 134 (Fiche de maths n° 2) et ci-dessus est linéaire, car :
– sur l'axe des abscisses, les graduations dont les différences valent la même valeur « 1 h et 0 h », « 2 h et 1 h », « 3 h et 2 h » sont à distance constante ;
– sur l'axe des ordonnées, les graduations dont les différences valent la même valeur « 80 $m \cdot s^{-1}$ et 0 $m \cdot s^{-1}$ », « 160 $m \cdot s^{-1}$ et 80 $m \cdot s^{-1}$ », « 240 $m \cdot s^{-1}$ et 160 $m \cdot s^{-1}$ » sont à distance constante.

→ Exemple 2

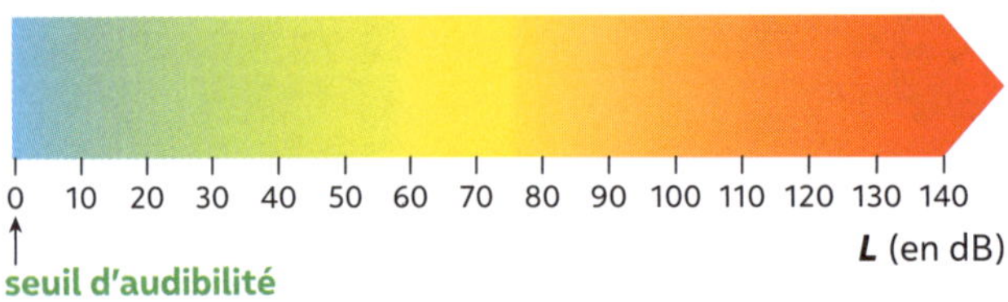

L'échelle du niveau d'intensité sonore *L*, en décibels (dB), est une échelle linéaire, car les graduations dont les différences valent la même valeur « 10 dB et 0 dB », « 20 dB et 10 dB », « 30 dB et 20 dB », etc. sont à distance constante.

2. Échelle logarithmique

• Une **échelle logarithmique** est une échelle dans laquelle deux graduations dont les **rapports valent la même valeur** sont à **distance constante**.

→ Exemple 1

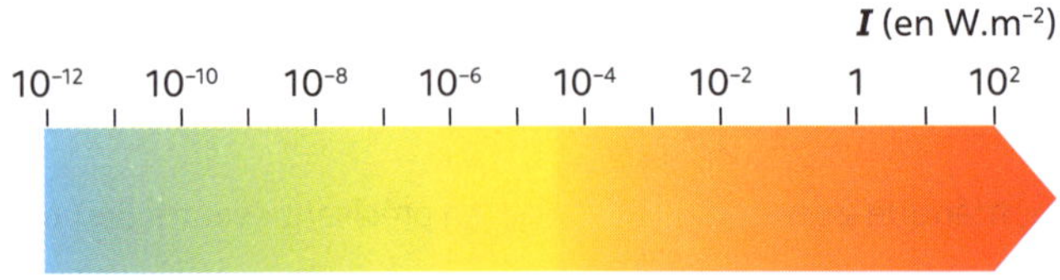

L'échelle de l'intensité sonore *I*, en watt par mètre carré ($W·m^{-2}$), est une échelle logarithmique, car les graduations dont les rapports valent la même valeur « 10^{-11} $W·m^{-2}$ et 10^{-12} $W·m^{-2}$ », « 10^{-10} $W·m^{-2}$ et 10^{-11} $W·m^{-2}$ », « 10^{-9} $W·m^{-2}$ et 10^{-10} $W·m^{-2}$ », etc. sont à distance constante.

Rappel : $\frac{10^{-11}\ W·m^{-2}}{10^{-12}\ W·m^{-2}} = \frac{10^{-10}\ W·m^{-2}}{10^{-11}\ W·m^{-2}} = \frac{10^{-9}\ W·m^{-2}}{10^{-10}\ W·m^{-2}} = 10^1 = 10.$

→ Exemple 2

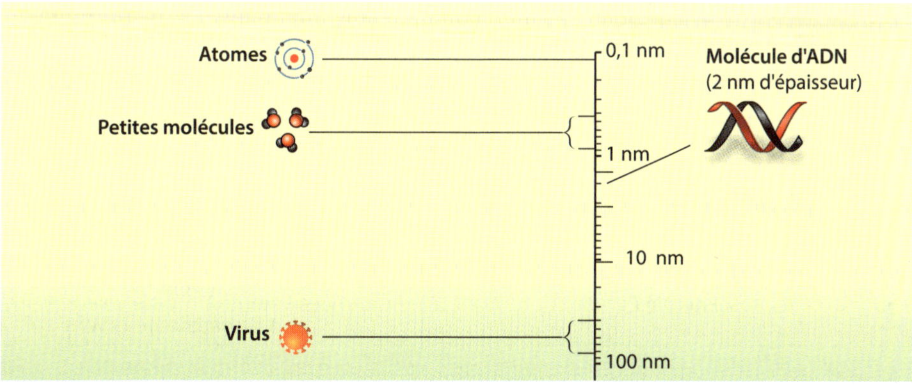

L'échelle de l'observation du vivant p. 141 (Annexes), dont un extrait est représenté ci-dessus, est une échelle logarithmique.
En effet, les graduations dont les rapports valent la même valeur « 1 nm et 0,1 nm », « 10 nm et 100 nm », etc. sont à distance constante.

Rappel : 1 nanomètre (nm) = 1 × 10^{-9} mètre (m).

1. Principales grandeurs et leurs unités

Grandeur à mesurer	Unité
Temps t	Seconde (s)
Masse m	Kilogramme (kg)
Longueur l	Mètre (m)
Volume V	Mètre cube (m^3)
	Litre (L)
Poids P, tension T, force F	Newton (N)
Intensité sonore I	Watt par mètre carré ($W \cdot m^{-2}$)
Niveau d'intensité sonore L	Décibel (dB)
Puissance P	Watt (W)
Énergie E	Joule (J)
	Kilowattheure (kWh)

2. Formulaire

- **Vitesse :**

$$v = \frac{d}{t}$$ with v → $m \cdot s^{-1}$, d → m, t → s

ou

$$v = \frac{d}{\Delta t}$$ with v → $km \cdot h^{-1}$, d → km, Δt → h

- **Masse volumique :**

$$\rho = \frac{m}{V}$$ with ρ → $kg \cdot m^{-3}$, m → kg, V → m^3

ou

$$\rho = \frac{m}{V}$$ with ρ → $g \cdot L^{-1}$, m → g, V → L

- **Énergie :**

$$E = P \times t$$ with E → J, P → W, t → s

ou

$$E = P \times t$$ with E → kWh, P → kW, t → h

3. Multiples et sous-multiples

Facteur	Préfixe	Abréviation	
10^9	giga	G	$10^9 = 1\,000\,000\,000$
10^6	méga	M	$10^6 = 1\,000\,000$
10^3	kilo	k	$10^3 = 1\,000$
10^{-9}	nano	n	$10^{-9} = 0{,}000\,000\,001$
10^{-6}	micro	µ	$10^{-6} = 0{,}000\,001$
10^{-3}	milli	m	$10^{-3} = 0{,}001$

4. Conversions d'unités

MX			kX			X			mX			µX			nX		
										1	0	0	0	0			
								0,	0	1	0						
					0,	0	0	0	0	1	0						

→ Exemple

t			kg			g			mg		
		1	0	0	0						
					0,	0	0	1			
					0,	0	0	0	0	0	1

1 t (tonne) = 1 000 kg
1 g (gramme) = 0,001 kg
1 mg (1 milligramme) = 0,000 001 kg

5. Notation scientifique

- On exprime très souvent un résultat sous forme de notation scientifique, c'est-à-dire sous la forme d'un nombre décimal comportant deux ou trois chiffres significatifs et une puissance de dix.

→ Exemple

$$2{,}56 \times 10^6 \text{ m}$$

- En modifiant l'exposant de la puissance de dix, on effectue facilement une conversion d'unités.

→ Exemple

$$2{,}56 \times 10^6 \text{ m} = 2{,}56 \times 10^3 \text{ km} = 2{,}56 \text{ Mm}$$

ANNEXES

Numéro atomique → Z ; X : Symbole de l'élément ; Nom

H 1 hydrogène																	He 2 hélium
Li 3 lithium	Be 4 béryllium											B 5 bore	C 6 carbone	N 7 azote	O 8 oxygène	F 9 fluor	Ne 10 néon
Na 11 sodium	Mg 12 magnésium											Al 13 aluminium	Si 14 silicium	P 15 phosphore	S 16 soufre	Cl 17 chlore	Ar 18 argon
K 19 potassium	Ca 20 calcium	Sc 21 scandium	Ti 22 titane	V 23 vanadium	Cr 24 chrome	Mn 25 manganèse	Fe 26 fer	Co 27 cobalt	Ni 28 nickel	Cu 29 cuivre	Zn 30 zinc	Ga 31 gallium	Ge 32 germanium	As 33 arsenic	Se 34 sélénium	Br 35 brome	Kr 36 krypton
Rb 37 rubidium	Sr 38 strontium	Y 39 yttrium	Zr 40 zirconium	Nb 41 niobium	Mo 42 molybdène	Tc 43 technétium	Ru 44 ruthénium	Rh 45 rhodium	Pd 46 palladium	Ag 47 argent	Cd 48 cadmium	In 49 indium	Sn 50 étain	Sb 51 antimoine	Te 52 tellure	I 53 iode	Xe 54 xénon
Cs 55 césium	Ba 56 baryum	L	Hf 72 hafnium	Ta 73 tantale	W 74 tungstène	Re 75 rhénium	Os 76 osmium	Ir 77 iridium	Pt 78 platine	Au 79 or	Hg 80 mercure	Tl 81 thallium	Pb 82 plomb	Bi 83 bismuth	Po 84 polonium	At 85 astate	Rn 86 radon
Fr 87 francium	Ra 88 radium	A	Rf 104 rutherfordium	Db 105 dubnium	Sg 106 seaborgium	Bh 107 bohrium	Hs 108 hassium	Mt 109 meitnerium	Ds 110 darmstadtium	Rg 111 roentgénium	Cn 112 copernicium	Nh 113 nihonium	Fl 114 flérovium	Mc 115 moscovium	Lv 116 livermorium	Ts 117 tennessine	Og 118 oganesson

L = Lanthanides : 57 à 71 **A = Actinides : 89 à 103**

D'après www.iupac.org

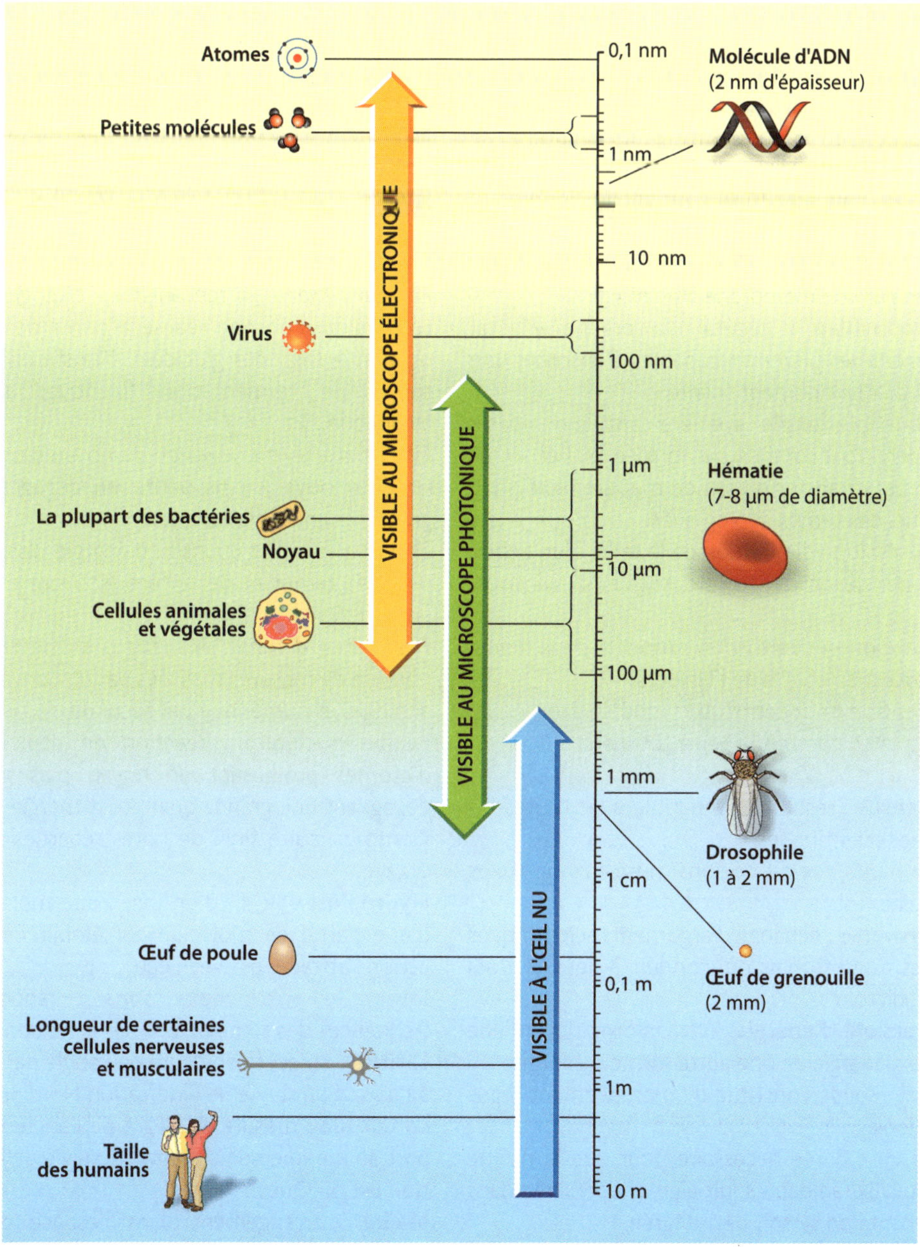

Atomes
0,1 nm
Molécule d'ADN
(2 nm d'épaisseur)
Petites molécules
1 nm
10 nm
Virus
100 nm
VISIBLE AU MICROSCOPE ÉLECTRONIQUE
VISIBLE AU MICROSCOPE PHOTONIQUE
1 µm
Hématie
(7-8 µm de diamètre)
La plupart des bactéries
Noyau
10 µm
Cellules animales
et végétales
100 µm
1 mm
Drosophile
(1 à 2 mm)
1 cm
VISIBLE À L'ŒIL NU
Œuf de poule
0,1 m
Œuf de grenouille
(2 mm)
Longueur de certaines
cellules nerveuses
et musculaires
1m
Taille
des humains
10 m

Lexique

Albédo : proportion de lumière, de rayonnement, renvoyée par un corps éclairé.

Aléatoire : imprévisible, lié au hasard.

Antiquité : période de l'histoire, après la Préhistoire, et avant le Moyen Âge, commençant au 4e millénaire avant notre ère avec l'invention de l'écriture en Mésopotamie et en Égypte, et se terminant autour du Ve siècle après J.-C.

Big Bang : modèle utilisé pour décrire l'origine et l'évolution de l'Univers.

Cellule : plus petite unité fonctionnelle du vivant, limitée par une membrane plasmique.

Chlorophyllien : végétal ou organe végétal contenant des pigments capables d'absorber une partie du rayonnement solaire.

Combustible fossile : matière capable de libérer de l'énergie par combustion, formée par l'accumulation et la transformation de matière biologique au cours des temps géologiques.

Compression : diminution de la taille d'un fichier audio afin de faciliter son stockage et sa transmission.

Conception géocentrique : modèle dans lequel la Terre est au centre de l'Univers.

Conception héliocentrique : modèle dans lequel les planètes comme la Terre tournent autour du Soleil.

Consensus : résultat compatible avec toutes les théories scientifiques.

Consonants : se dit de sons musicaux agréables à l'oreille.

Controverse : échange d'arguments scientifiques valides a priori mais qui conduit à des résultats contradictoires.

Conversion d'énergie : transformation d'une forme d'énergie en une autre forme d'énergie.

Cristal : solide constitué d'un empilement régulier d'ions.

Demi-vie : durée nécessaire pour que la moitié des noyaux radioactifs initialement présents dans un échantillon se soit désintégrée.

Discrétisation : processus permettant de numériser un son.

Dogmatique : qui ne s'appuie pas sur des explications scientifiques.

Échelle linéaire : échelle dans laquelle deux graduations dont les différences valent la même valeur sont à distance constante.

Échelle logarithmique : échelle dans laquelle deux graduations dont les rapports valent la même valeur sont à distance constante.

Effet de serre : phénomène naturel de rétention partielle de l'énergie par l'atmosphère.

État cristallin : empilement régulier d'ions.

Évapotranspiration : mécanisme présent chez les plantes qui consiste en l'émission par les feuilles d'eau qui s'évapore dans l'atmosphère (phénomène inexistant chez les plantes aquatiques).

Fermentation : mécanisme biologique de conversion d'énergie réalisé à partir de matière organique (ex. : des glucides). Il existe différentes sortes de fermentation (lactique, acétique, alcoolique...).

Fission nucléaire : division du noyau d'un atome en deux noyaux plus petits, en dégageant une grande quantité d'énergie.

Flux thermique : quantité d'énergie dissipée par unité de temps et de surface (souvent exprimée en $W \cdot m^{-2}$).

Fréquence d'échantillonnage, en hertz (Hz) : nombre de mesures réalisées par un convertisseur analogique-numérique par seconde.

Fusion nucléaire : réaction de deux noyaux d'atomes produisant un noyau plus gros, en dégageant une grande quantité d'énergie.

Gamme : suite finie de notes réparties sur une octave.

Hydrophile : se dit d'un ion, d'une molécule ou d'une partie de molécule qui établit des interactions attractives avec l'eau.

Intervalle entre deux sons : rapport des fréquences des signaux associés à ces sons.

Latitude : mesure en degré de l'angle par rapport à l'équateur, suivie de l'indication Nord ou Sud.

Longitude : mesure en degré de l'angle par rapport au méridien de Greenwich, suivie de l'indication Est ou Ouest.

Maille : arrangement dans l'espace d'entités chimiques dont la répétition constitue la totalité d'un cristal.

Masse linéique : masse par unité de longueur.

Membrane plasmique : bicouche lipidique fluide qui entoure le cytoplasme de la cellule. Elle permet les échanges entre la cellule et son milieu de vie.

Méridien : cercle imaginaire à la surface terrestre qui passe par les deux pôles du globe terrestre. Le méridien peut aussi être appelé méridien astronomique.

Minéral : substance formée naturellement ou synthétisée artificiellement, définie par sa composition chimique et l'agencement de ses atomes selon un empilement régulier (minéral cristallin) ou pas (minéral amorphe).

Nombre irrationnel : nombre qui ne peut pas être mis sous la forme d'un rapport entre deux nombres entiers.

Octave : intervalle qui sépare deux sons, correspondant à une même note, à deux hauteurs différentes, dont les fréquences sont dans le rapport 2/1.

Ordre de grandeur : puissance de dix la plus proche de la valeur considérée.

Période d'échantillonnage : durée entre deux mesures réalisées par un convertisseur analogique-numérique.

Photosynthèse : conversion de l'énergie solaire en énergie chimique utilisée pour synthétiser de la matière organique à partir de matière exclusivement minérale.

Puissance thermique : quantité d'énergie thermique produite par un corps par unité de temps exprimée en $J \cdot s^{-1}$, c'est-à-dire en W.

Quinte : intervalle entre deux fréquences de rapport 3/2.

Référentiel géocentrique : solide de référence formé par le centre de la Terre et des étoiles lointaines considérées comme fixes, auquel sont associés des repères d'espace et de temps.

Référentiel héliocentrique : solide de référence formé par le centre du Soleil et des étoiles lointaines considérées comme fixes, auquel sont associés des repères d'espace et de temps.

Respiration cellulaire : mécanisme de conversion d'énergie à partir du glucose utilisant du dioxygène. La respiration cellulaire fournit l'énergie nécessaire pour la réalisation des fonctions cellulaires.

Révolution : mouvement d'un objet tournant autour d'un astre.

Roche : association de cristaux d'un même minéral ou de plusieurs minéraux.

Rotation : mouvement d'un objet tournant sur lui-même, autour d'un axe de rotation qui le traverse.

Signal analogique : signal continu pouvant prendre une infinité de valeurs.

Signal numérique : signal discontinu prenant un nombre fini de valeurs.

Solide amorphe : solide constitué d'entités qui ne sont pas organisées régulièrement.

Solide cristallin : solide constitué d'entités organisées régulièrement.

Son composé : son musical dont le signal périodique associé est un signal dépendant du temps de façon non sinusoïdale.

Son pur : son musical dont le signal périodique associé est un signal dépendant du temps de façon sinusoïdale.

Système solaire : système composé du Soleil et d'astres tournant autour de cette étoile, dont les 8 planètes (Mercure, Vénus, Terre, Mars, Jupiter, Saturne, Uranus et Neptune).

Tension : force exercée sur une corde modélisant les contraintes subies par la corde à ses extrémités.

Théorie scientifique : modèle qui permet d'expliquer et de prédire des phénomènes scientifiques, leurs causes et leurs conséquences. Une théorie scientifique repose sur des idées, des observations et des expérimentations. Elle est toujours en discussion au sein d'une communauté scientifique.

Trajectoire : ligne décrite par un objet au cours du temps lors de son déplacement.

Transposition : décalage de toutes les notes d'un morceau de musique d'un même intervalle afin que l'œuvre musicale puisse être jouée par un autre instrument que celui prévu initialement.

Tympan : membrane de l'oreille moyenne qui vibre aux mêmes fréquences que les sons qu'elle capte.

Verre : solide amorphe constitué principalement de silice SiO_2.

Voie lactée : galaxie comprenant le Système solaire.

Crédits photographiques

p.12 : ADOBE STOCK PHOTO ; p.13 : Dominique ROSSIER, SAGA (société amicale des géologues amateurs), ATLAS de pétrographie de la SAGA ; p.14 : Eric JOURDAN, svt.ac-Besançon.fr ; p.18 : ADOBE STOCK PHOTO ; p.19 ht : Droits Réservés ; p.19 bas : COSMOS/SPL ; p.28 : Leemage ; p.30 : Leemage ; p.44 : COSMOS/SPL/Dirk Wiersma ; p.47 : SHUTTERSTOCK ; p.48 : ADOBE STOCK PHOTO ; p.64 : ADOBE STOCK PHOTO ; p.72 : Agence Hans Lucas ; p.79 : Nasa Earth Observatory ; p.88 g (p.100) : BSIP ; p.88 d : COSMOS/SPL/N.I.B.S.C. ; p.92 g : COSMOS/SPL/Steve Gschmeisser ; p.92 m : COSMOS/SPL/Tony Wright ; p.92 d : Rémy Pujol/www.cochlea.eu/cellules-ciliees ; p.97 : ADOBE STOCK PHOTO.

MIXTE
Papier issu de sources responsables
FSC www.fsc.org FSC® C022030

N° éditeur : 10249737
Dépôt légal : septembre 2019
Imprimé en France
par Clerc à Saint-Amand-Montrond